贋札の世界史

植村 峻

角川文庫
22104

まえがき

いつの世にも贋札《にせさつ》はつきものであった。

もちろん贋札を製造したり行使したりすることは、国家や経済に脅威を与える重大な犯罪として、古今東西を問わず厳しく処罰された。とくに中世においては死刑が相場であり、最近でも他の犯罪に比べて重い刑罰が科されるというのは、世界的な傾向である。贋札作りが悪であることは論を俟《ま》たないし、円滑な経済取引を阻害し、人々の通貨に対する信認を失わせる恐れのある、憎むべき行為である。

実際、大規模な贋札事件の犯人たちは、ほとんどの場合に逮捕起訴され、刑罰を受けていて、贋札作りは、元来、割に合わない犯罪である。

所詮、贋札はニセ物にすぎず、一九九九年頃から世界を驚かせたウルトラ・スーパー・ノートのようなきわめて精巧な偽造紙幣でも、本物が使用している用紙、印刷、インキ、その他の偽造防止対策とは微妙な細部で異なっている。偽造犯たちは限りなく本物に似た偽造紙幣を目指しているが、完全な贋札はあり得ない。

しかし贋札の中には、手間ひまをかけて手書きで描いたものから、国家的な規模で大量に製造したものなど、きわめてバラエティに富んでいて、多彩なその歴史はきわめて興味深い。

紙幣は、一〇世紀中国の北宋時代に初めて登場するが、その直後にはさっそく偽造紙幣が横行したといわれている。その後も紙幣が用いられたことから贋札も絶えることなく、歴代中国王朝史はそのまま偽造犯との戦いの歴史ともいえる。西欧諸国では、一七世紀後半になって初めてスウェーデンで銀行券が発行されたが、これまたただちに偽造券が作られ、出回ったようだ。

わが国の最初の紙幣は、一六〇〇年頃、伊勢山田《いせやまだ》地方の私札《しさつ》「山田羽書《やまだはがき》」であるという。それが発展し、江戸時代に入ると、各地の藩や旗本領で藩札が盛んに用いられた。しかし当然というべきか、厳重な管理体制と防止対策が講じられたものの、藩札の偽造事件は跡を絶たなかったようである。

また偽造犯は個人の場合が多いが、ときとして国家的な規模での偽造も行われた。

戦時中の謀略活動である。米国独立戦争当時の英本国軍による偽造、ナポレオン軍によるオーストリア・ウィーン国立銀行券の偽造、さらに第二次世界大戦下ではナチスドイツによる英ポンド券の本格的な偽造などが有名だ。

本書では日本をはじめとして、世界各国の興味深い偽造の歴史の跡をたどるとともに、最近の偽造防止対策の実情についても紹介している。

紙幣の印刷技術は「いたちごっこ」の世界である。

紙幣には、常に、一般に使用される印刷術や複写技術を上回るものが採用されているが、商業用の印刷技術の急速な進歩により、採用当初の最新技術もしだいに陳腐化し、偽造の危険が増大する。近年は技術革新の進展が加速しており、世界各国とも従来の偽造防止対策をレベルアップし、贋札を完封する不断の努力を重ねている。

日本の現状では、現行のE券シリーズ三券種は偽造防止技術がふんだんに採用されており、偽造券の発生も諸外国と比べると著しく少ない。しかし、改刷後約一五年以上が経過し、その間に印刷、製紙、複写技術等が急速に進歩してきていること、諸外国でも将来を見越して偽造防止効果が高いと評価されている新技術を積極的に採用して改刷を実行していること、国際的なプロの偽造集団がいつ何時、日本の銀行券をターゲットにして偽造を試みてもおかしくないこと、さらに将来的には関連技術が進歩してゆくことから、対応策が必要とされている。

そのため日本の財務省、日本銀行、国立印刷局は改刷を決意し、二〇二四（令和六）年度の上期には、将来予測される関連技術の進歩も織り込んだ新しい三券種のF券シリーズを発行すると二〇一九年四月に発表、現在は新券に、非公開の技術も含めてどのような技法を導入するかについて、鋭意具体的な検討を行うなど改刷の準備を進めている。今回の改刷計画では、日本固有の最新の製紙、印刷技術や、刻々と進化するATM、自販機など各種の銀行券関連の機械検知機能にも対応できる新技術が採用されると期待されているほか、一般市民が容易に銀行券の真偽の判別ができるような効果的な技法も併せて採用されると思われる。このような動きから、日本では将来にわたり、現在と同様に贋札を完封できるものという期待が高まっている。

読者の皆さんが、この小冊子により世界の贋札に関する興味深い歴史を回顧すると共に、贋札判別のベテランとなられることを期待している。

目次

序章　世界初の贋札

世界最初の紙幣・北宋の「交子」

世界で初めて紙幣が発行されたのは中国の北宋《ほくそう》時代初期、西暦で九九〇年頃である。現在の四川省にあたる益州《えきしゅう》の成都《せいと》においてであった。それ以前にも漢の武帝《ぶてい》の頃（前二世紀頃）に、白鹿の皮で作った「皮幣《ひへい》」が発行されたという記述があるが、これは記念品のようなもので通貨ではない。また唐時代に発行された「飛銭《とびせん》」というものもあるが、一種の為替手形であり、これも通貨ではなかった。

広い宋の中でも益州・成都で初めて紙幣が発行されたのは、その地理的な要素が関係している。益州は周囲を急峻《きゅうしゅん》な山で囲まれた大きな盆地であり、独立した経済圏であった。さらに、一般的な貨幣の材料である銅をほとんど産出せず、昔から鉄銭を使用してきたことも大きい。銅銭に比べて価値の低い鉄銭は高額の取引には莫大な量が必要で、大変不便であった。加えて、反乱が勃発して鉄の需要が高まり、鉄銭の製造が停止されてしまったことから、益州は通貨不足に悩まされていた。

こうして成都の豪商が発行元となり、「交子《こうし》」という私札《しさつ》を発行したのである。この紙幣は三年間の有効期限（「界」と呼ばれた）を持ち、期限満了後は新しいものと交換する仕組みであった。当初は発行準備として、発行した紙幣の保証となる十分な銭を持っていたため信用があり、交子は円滑に流通した。しかし発行枚数が増加するなどして、ほどなく私札としての交子は破綻《はたん》してしまう。

ここで再び鉄銭使用に戻すことも検討されたが、人々は紙幣発行を希望した。そこで、発行差益（シニョレッジ）が得られるというメリットもあり、一〇二四年には紙幣発行を「益州交子務」という役所が行うこととし、公《おおやけ》のものとしたのである。交子は銅版印刷で作られ、年に三八八貫（「貫」は通貨単位。一貫は銅貨一〇〇〇文）発行された。

一〇七八年の官営の「交子務」には、監官二人、掌典一〇人、貼書（押印）六一九人、印匠（印刷）八一人、雕匠《ちようしよう》（原版彫刻）六人、鋳匠（版面鋳造）六人、雑役一二人を置き、交子の印刷作業が行われた。また、交子用紙の製造に関しては、一〇六八年に官営の「抄紙院」を置き、抄匠六一人、雑役三〇人を置いて紙幣用紙を抄造したことが記録されており、大がかりに発行業務がなされていたことをうかがわせる（『宋朝事実』「蜀中広記交子《しよくちゆうこうきこうし》」費著《ひちよ》「銭幣譜《せんぺいふ》」による）。

初めての紙幣「交子」については現物が残っていないため詳細は不明であるが、「銭幣譜」によれば、楮皮《ちよひ》で作った色紙に、銭の図柄、商人や家屋の図柄を印刷し、裏面に発行元の豪商が押印、金額は肉筆で書き入れ、朱印を押したとされている。日本の収集家が所持しているとされる交子の図柄が残っているが、それが本物かどうかは不明だ。

すでに偽造が横行

このように官営の工房で厳重な管理のもとに製造された交子は、南宋時代（一二世紀初め〜一三世紀終わり頃）に「会子《かいし》」や「銭引《ぜにびき》」と名称を変えて中国全土に広がるのだが、『宋史食貨志《そうししょっかし》』「会子」の記述では、北宋時代の神宗《しんそう》皇帝・熙寧《きねい》年間（一〇六八〜七七）の初めにはすでに、偽造に関する罪と、これを防止する者への賞が制定されていた。さらに皇帝・徽宗《きそう》の一一〇四（崇寧《そうねい》三）年には、偽造者は徒配、すなわち流刑とし、また隣人が偽造犯を通告しなかった場合には、これを罰するということが決められるなど、偽造紙幣が横行していたことをうかがわせる（もちろん本物も贋札も現存しないが）。

南宋時代にも偽造は盛んに行われて、真正紙幣の流通を阻害した。このため『宋史食貨志』「会子」によると、一一六二（紹興《しょうこう》三二）年には「会子を偽造するの法」が定められ、刑罰が強化された。偽造者は死刑となり、紙幣偽造を密告した者には賞金と犯人の財産を与えるほか、偽造団の一味の中で告首（最初に自首した者のこと）となった者は、罪を免じるばかりではなく賞を与え、さらに希望すれば任官できるというように改訂された。また、その旨が紙幣の印面にはっきりと告示印刷されるようになった。「毒をもって毒を制す」という思い切った発想の転換により、偽造を防ごうとしたのだろう。

それでも会子や銭引の偽造はいっそう盛んになった。『宋史 趙開《ちょうかい》伝』「蜀中広記」によると、紹興年間、益州で発行された銭引は四一九〇万貫に達し、これに合わせるかのように偽造銭引も三〇万貫を数え、偽造者五〇人を逮捕している。益州の宣撫司《せんぶし》の長官・張浚《ちょうしゅん》は逮捕した偽造犯五〇人を刑法に基づき死刑に処す方針を立てたが、その家臣・趙開が「偽造の銭引の印面に宣撫司の印鑑を押せば本物の銭引となるほか、偽造犯たちを処刑せず紙幣印刷に従事させれば、一日三〇万の銭札を得られる」として、処刑を押しとどめたという記述も残っている。その背景には、物価騰貴により大量の紙幣印刷が求められていたという事情もあるのであろう。『宋史趙開伝』「蜀中広記」では、プロの紙幣偽造職人の技を生かした巧みな解決策と賞賛されている。

交子と同じく会子も通用期限が定められており、期限終了前に更新手数料を支払って新しい会子と交換することが必要であった。しかし『宋史食貨志』「会子」には、発行した紙幣よりも回収する紙幣の数量のほうが多いありさまだと記述されており、当時いかに偽造紙幣が多かったかがわかる。同様に一二二三（嘉定《かてい》一六）年の『宋会要稿《そうかいようこう》』によると、年来「偽楮《ぎちょ》（＝贋札）」は日にはなはだしく、紙幣を回収すれば発行した量よりも多くなっている。偽造禁止の文言を紙幣の印面に表示し、「勅令を発し厳罰で臨んでいるが、愚民たちは無知にして、これに抵触している」旨の報告がなされている。

ただ、このように偽造紙幣が増加した原因は、実は紙幣自体の品質にも起因していた。当初、交子には、四川産の高級な「楮の皮《こうぞ》」を主として精選された用紙が使用されていたが、通貨インフレにより紙幣の増発が続き、紙幣用紙の材料が不足したため、のちには四川以外の東南地区の粗末な「杜仲紙《とちゅうし》」を使用せざるを得なくなった。その結果、紙幣用紙の独占管理が崩壊し、東南地区で盛んに偽造用の紙幣用紙が製造され、これが偽造紙幣多発の要因のひとつとなったのである。このことは、偽造防止のためには、紙幣用紙原料の横流しの防止と版面の厳重な管理がいかに大切かを教えてくれる。

また紙幣の有効期限である「界」は三年から七年と定められ、更新の際には手数料を払い、官吏の真偽判別を受けて新紙幣を受領する。その際に偽造紙幣が含まれていると、高額の罰金が科されていた。しかし南宋末期には、会子の「界」の制度が撤廃されたため、偽の会子を受け取っても損害はなくなった。このため綱紀がゆるみ、偽造紙幣の多発を招いたといわれている（『蒙斉集《もうさいしゅう》』巻七論「会子」による）。

　さらに、インフレによる生活苦や死刑をもいとわぬ偽造犯の増加、政権崩壊末期のモラル・ハザードなども原因となったであろう。

紙幣記載方式の継承

その後、発行差益を得られる紙幣の発行という、政府にとって魅力的な業務は、のちの王朝にも継承された。一二世紀、揚子江《ようすこう》以南を支配した漢民族の南宋王朝はもちろん、揚子江以北を支配した女真族《じょしん》の金王朝でも紙幣が発行された。この時代の紙幣用紙には桑の皮で作った淡い青黒色の紙が用いられた。その様式は『金史』「食貨史」の「鈔幣図録《しょうへい》」に掲載されており、「貞祐宝券《ていゆうほうけん》」、「興定宝泉《こうていほうせん》」などの紙幣の原版拓本が残されている（次ページ参照）。

　券面には、図版のように上部に銭の束が描かれ、その下に「興定宝泉」の紙幣名称、その下に額面金額「貳貫聞省」、下部の円形の中には「発行の根拠、有効期限、流通に関する記述、発行責任者、発行年」が表示され、その中央に大きく偽造禁止文言《もんごん》として、「偽造者斬賞陸伯貫、仍給犯人家産」（偽造犯は死刑に、告訴人は賞金六〇〇貫が支給され、犯人の家産を与えられる）と印刷されている。この記載方式はその後の元《げん》、明《みん》、清《しん》王朝の紙幣へと受け継がれていく。

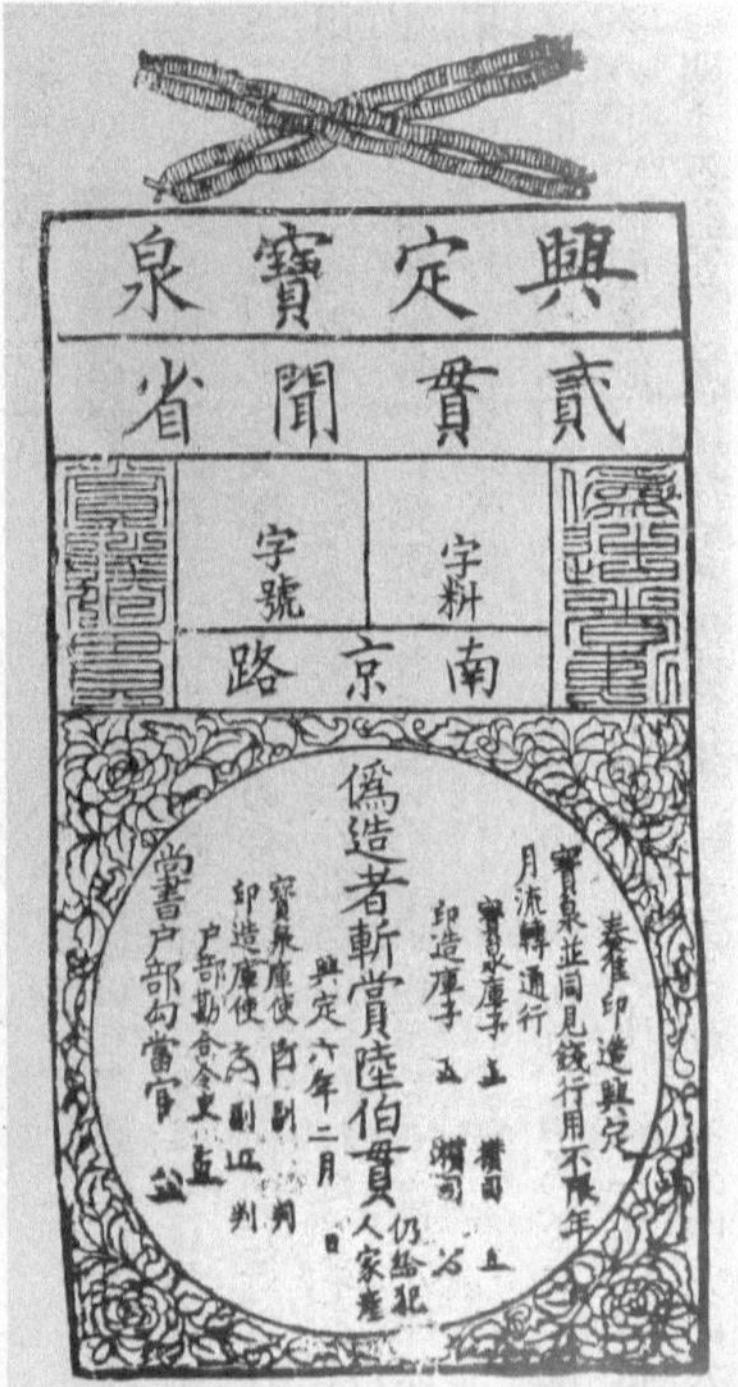

興定宝泉の原版拓本（中国銭幣編輯部編『四朝鈔幣図録』）

第一章　日本の贋札史

日本初の紙幣にも偽造の脅威

山田羽書の発行

紙幣として日本で最初に発行されたのは「山田羽書《やまだはがき》」であるという。発行年代ははっきり確定できないが、一六〇〇年頃、商業の発達した伊勢《いせ》山田地方（現在の三重県伊勢市）で伊勢神宮の神役人を兼ねていた地元の豪商・御師《おんし》（伊勢神宮神職で、参詣者の案内や祈禱、宿泊を業《なりわい》とした）たちが秤量《ひょうりょう》貨幣（重さを量って切り取り使用する金属貨幣）の釣り銭用として発行したものであるといわれている。預り手形の一種で、私札である。

「羽書」の呼称の由来は、この紙幣が羽が生えたように円滑に流通するようにという願いであるとか、秤量貨幣の釣り銭という意味の「端数の書付《はすうのかきつけ》」の意味であろうといわれている。一六〇三（慶長《けいちょう》八）年に幕府の朱印状《しゅいんじょう》によって山田《やまだ》三方会合《さんぽうかいごう》（山田地区に室町時代から存在した自治行政組織。羽書を発行した）が地域の自治機関として公認され、発行監督を行っていたようである。

形状は縦約二三〇ミリ、横幅約四〇ミリの細長い短冊形。神道のお札の形状をまねたものとの説もある。図柄と文字は木版で印刷され、金額などは墨書きされている。たとえば五分札を見てみよう。

券面上部に商売の神である「大黒天《だいこくてん》」の図柄、次に切り遣《づか》い銀貨（取引額に応じて銀塊を切断して使用した秤量貨幣）を意味する「丁銀《ちょうぎん》」の文字が版木《はんぎ》で印刷され、中央部には墨書きで預り証の額面金額が「伍分請取《うけとり》」と書かれている。その下には盗難除《よ》けに使うまじないの文言「五大力菩薩《ごだいりきぼさつ》」の文字の朱印、その左には発行年「戌」（慶長一五年）、その下には端数の額面金額を意味する「小《こ》は書《がき》」、さらに下には黒色の複雑な模様の印章がある。

山田羽書（写真：日本銀行金融研究所貨幣博物館）

下部には「この羽書と引き換えに銀を渡すこと、後日間違いを発見しても紙幣の交換をしないこと、羽書の有効期間は二年であること」という意味の注意書きが記載されており、最下段には、発行者である地元の富豪・山田大路長右衛門の名前が略称で「山田大路長右」と印刷されている。

券面においては、上部の七福神《しちふくじん》の図柄が京都の彫刻師に依頼した特別のものであるうえに、下部には複雑な文言が印刷され、用紙は美濃《みの》国岐阜の紙商人・出口新左衛門から独占的に購入するなど、偽造防止に役立つ図柄や技術が使用されていた。大黒天の図柄、複雑な印章模様や支払文言の印刷に加えて、達筆な墨書き、印章を組み合わせて、一六〇〇年代当時としては偽造防止のための対策を徹底して行っていたのである。

しかし、それでもさっそく精巧な偽造羽書が横行した。大正時代の初めに発行された日本最大級の百科史料事典『古事類苑《こじるいえん》』の「泉貨部《せんかぶ》七・紙幣」の中で、「山田においてにせはがきをいだし」と、発行間もない一六二四（寛永《かんえい》元）年の記事で述べられている。

藩札の偽造とその対策

初めての藩札「福井藩札」の偽造防止対策

一六六一（寛文元《かんぶん》）年、福井藩藩主松平光通《みつみち》は、幕府の許可を受け、全国で初めて藩札《はんさつ》を発行した。図柄は木版印刷、額面金額は墨書きであった。三一種類が発行されたといわれる。

福井藩では、徳川家康の孫にあたる松平忠直《ただなお》が乱行のため削禄処分を受け、豊後《ぶんご》に配流《はいる》処分となったのち、その弟の忠昌《ただまさ》が五二万石の福井藩藩主となったが、幕府により課される夫役などで藩の財政は危機に瀕していた。そこで幕府に対して「藩札」の発行を申請、幕府は将軍家に連なる藩主の家柄や大坂夏の陣における功績を考慮して、やむを得ず一六六一年になって松平光通に許可を与えたのである。

この藩札は、山田羽書の様式を踏襲した縦長の短冊状で、持ち運びに便利なように、上部に紐を通す小さな穴があけられていた。この「福井藩札」の場合も、偽造防止対策には気を配っており、両面の印刷となっている。

たとえば一六六六（寛文六）年発行の十匁《じゆうもんめ》札の例を見てみよう（次ページ）。

福井藩札（写真：日本銀行金融研究所貨幣博物館）

表面には、上部に「福居」の文字と宝珠《ほうしゅ》、中央には墨書きで「銀拾匁」と達筆で額面金額、そしてその上から三つの印章が押されている。さらに左右には、額面金額の「じゅう」と同じ発音の「十、什、誧」などの文字が並べられ、その下には、一〇匁以上の高額藩札に表示される「大目札」の飾り文字が背景の微細な模様の上に配置されている。下部には、藩札の発行および両替の事務を担当した両替座・駒屋善右衛門と荒木七郎右衛門の両名の名前が印刷されている。

裏面には、上部に「楮金銘」として紙幣に関する教訓が記載され、中央部には「寛文」の年号と印章が押印されており、下部には象などの珍しい動物の図柄が印刷されている。このように、狭い藩札の表面にパズルのようにさまざまな文字や図柄、印章を多く用いることにより、偽造を防止するための努力が払われているのである。

また藩札用紙は福井今立《いまだて》の五箇《ごか》（不老・大滝・岩本・新在家・定友の各村から成る地域で、一般には「五箇村」と呼ばれている）で抄造された特殊な「御留紙《おとめがみ》」であり、福井藩札にだけ用いられる秘密の製紙技法が使われていた。用紙は雁皮紙《がんぴし》を主材料とし、大和のりで何層もの紙を貼り合わせた独特のものである。藩札用紙「御札紙《おふだし》」を抄《す》く五箇村の紙屋衆《かみやしゅう》は福井御役所に血判書付きの起請文《きしょうもん》を提出して、藩札用紙製造の秘密を遵守することを誓約している（三田村家古文書には越前国大滝村の紙漉《かみす》き屋・加藤河内《かわち》が一六六一〈寛文元〉年に福井藩役所から「御札紙」の漉立命令を受け、「御誓約書」を提出したと記録されている）。また、他国者との婚姻や他国からの奉公人の採用を禁止したともいう。

このような厳しい監督と規制のおかげで、五箇村の紙漉き屋は機密保持と技術流失を防ぎ、長期間にわたり偽造藩札用紙の横行を防ぐとともに、福井藩だけではなく他の藩からも藩札用紙の製造を受託できたのであった。

藩札の果たした役割

福井藩札の発行のあと、同じく財政難に苦しむ大垣、名古屋、宇和島などの各藩から相次いで申請が出され、藩札が発行された。やがて藩札は全国に広がり、明治の廃藩置県の段階では、全国の二四四藩、一四代官所、九旗本領において、一六九四種類もの藩札が流通し、その金額は、当時にして約三八五五万円に達した。全国の藩の八〇パーセントが藩札を発行していたことになる。幕府が発行権を独占していた金銀貨と銅貨だけが流通していたのは江戸、大坂、京都の三か所くらいであり、藩札類は地域の通貨として重要な地位を占めていたのである。

藩札が発行された理由は、まず参勤交代や年貢収入不足により逼迫《ひっぱく》する藩財政への補塡《ほてん》であり、ほかに、領内の銀貨・銅貨の不足解消、近隣他藩の藩札の流入防止、発行元への冥加金《みょうがきん》徴収などがあった。藩財政が苦しい、もしくは領内の経済発展により通貨不足を来たした近畿、中国、九州地方の諸藩で多く発行されており、銀札、銭札が中心であった。領民は領内では藩札を使用することが義務づけられたので、江戸時代は「札遣《ふだづか》いの経済」であったといえる。

紙幣の形状は、一般的に縦長の短冊状であり、標準的なサイズは、縦が一五〇〜一六〇ミリ、横が三〇〜四〇ミリ、当初は大型のものが多かった。しかし享保《きょうほう》の藩札解禁後は、サイズは全体的に小型化しており、中には讃岐《さぬき》高松藩の藩札のように、藩札の四隅を切った「隅切札《すみきりさつ》」も見られる（藩札の乱発によるインフレの抑止や、幣制《へいせい》における中央集権化の目的のため、幕府は一七〇七〈宝永《ほうえい》四〉年の御触書《おふれがき》により「札遣い禁止令」を出した。しかし三〇〈享保一五〉年にはこのデフレ政策を放棄し、解除する。これを「享保の藩札解禁」と称する）。一方、出雲《いずも》松江藩における「連判札《れんばんさつ》」のように、半紙状の裏白用紙に墨書きする例も散見される。

藩札用紙に見る偽造防止対策

藩札の用紙は、全国各地で産出する丈夫な「楮」の皮が主原料であるが、一部では、偽造防止や特殊な手触りを持たせるために「雁皮」や「みつまた」を混合して使用したり、紙質の強化や防虫のために、さまざまな色の泥を塡料《てんりょう》として使用した。

用紙は丈夫にする目的から四〇〇〜七〇〇ミクロン程度の厚いものが多い。この特殊な用紙を抄くために何度も重ねて紙層を厚くする「溜《た》め抄き法」や、紙を貼り合わせる方式が採られた。中には、防水効果や汚損防止のために渋《しぶ》を塗布したり、紙層の間に印刷した紙を挟み込んだり、透かしを抄き入れたり、繊維を入れるなどの工夫を凝らした例も見られる。

たとえば藩札用紙の色調は一般に摂津《せっつ》国名塩《なじお》（現在の兵庫県西宮市）産の薄茶卵色の「鳥《とり》の子紙《こがみ》」が使われたのだが、用紙に混ぜる泥の色を変えて抄いた色紙も採用された。券種別の色分けや他藩の藩札用紙との差別化のためである。

透かしは、簡単なパターンや文字の白透かし模様が施されたもので、たとえば一七九八（寛政《かんせい》一〇）年発行の若狭小浜《わかさおばま》藩の藩札の「ワカサ」の文字、出雲松江藩の藩札の八角模様などが有名である。

また、偽造防止の観点から、いわゆる「楮幣《ちょへい》（＝紙幣）用紙」の作成は特定の紙漉き村の職人集団に委嘱されることが多かった。製造元としては越前国五箇村や摂津国名塩村などが有名で、先述の福井藩の藩札の例にも表れているような厳格な規制により各藩の信用も厚く、全国からの注文を長期間独占することができた。さらに、藩札用紙を一般の紙漉き職人が製造するのはご法度で、もしこれを破れば処罰の対象とされた。

印刷も厳重な管理下で実施

藩札の印刷は、一般に藩の勘定奉行に所属する「札場《ふだば》」「札会所《ふだかいしょ》」「札座《ふだざ》」等において、札奉行、札目付《めつけ》などの監視のもとに行われた。偽造防止や権限外発行を抑えるため、藩札の版木《はんぎ》は通常、表面が三～四分割、裏面が二～三分割されていた。それぞれ複数の札役人が分割して所持し、藩札を印刷する際に持ち寄った。

版木自体は組み立て式の連版木であり、額面部分の差し替えや一部墨書きする方式などさまざまであるが、細かい彫刻をする必要上、硬くて細工しやすい材質で、耐久性のある桜の木や柘植《つげ》が用いられた。江戸末期には、微細な図柄を表現できる銅版印刷も採用された。司馬江漢《しばこうかん》が腐食銅版彫刻した足守藩《あしもり》（岡山市）の藩札が有名である。

また、藩札は通常墨一色だが、鳥取藩の藩札のように二色印刷したものも見られる。

そのほか、印刷面での偽造防止対策としては、出羽《でわ》秋田の久保田藩札のように「クホタ」の隠し文字を印刷したり、浜松藩飛地の藩札のようにオランダ語「Voordeelig（「利益」「利便」の意）」を印刷したり、一般人には読めないように柳河藩《やながわ》（福岡県）では梵字《ぼんじ》、大洲藩《おおず》（愛媛県）では神代文字《じんだい》で印刷するなどしていた。

幕府の金銀貨偽造取締り

しかしここまでしても、藩札偽造は跡を絶たなかったようだ。そこで偽造犯には厳しい刑罰が待ち受けていた。

今日では罪刑法定主義といって、国は犯罪の構成要件を明文化し、あらかじめ広く国民に事前に公示しなければならない。しかし江戸時代の刑法や刑罰は、犯罪行為に対する刑罰を一般には公開せず、裁判官兼検察官に相当する町奉行がある程度の自由裁量権を持つものだった。第八代将軍・徳川吉宗《よしむね》が評定所《ひょうじょうしょ》に命じて編纂《へんさん》した「公事方《くじかた》御定書《おさだめがき》」は江戸時代の基本法典であるが、その下巻に当時の判例を集大成した「御定《おさだめ》書百箇条《がきひゃっかじょう》」があり、天領《てんりょう》（幕府の直轄領）における刑法典として当時のご法度が例示されている。

この「公事方御定書」は一般に公開されるものではなかったが、業務遂行上必要なためにその流布本が作られ、そのうち「寛政刑典《かんせいのけいてん》」などが残されている。犯罪の中でも、金銀貨などの正貨偽造の罪は最も厳しい刑罰が科せられ、「寛政刑典」によると、「似《に》せ金銀拵候者《こしらえそうろうもの》、引廻之上磔《ひきまわしのうえはりつけ》」とされ、同じ死刑の中でも最も重罪とされた親殺し、主殺し、関所破りと並ぶ重罪として、通貨偽造が処罰されていたのである。

藩札の偽造に対する処分

それでは、金銀貨ではない、各藩の藩札に関してはどうだったか。

藩札の偽造に対する処罰は、各藩ごとに定められていたので共通のものではないが、おおむね幕府の刑罰と同じであったようだ。たとえば一八〇八（文化五）年に編纂された南部盛岡藩の「文化律《ぶんかりつ》」という一種の判例集や、一七八九（寛政元）年の亀岡藩（京都府）の「議定書《ぎていしょ》」などの記録が残っている。これらははっきりとした刑法典ではなく、前例を紹介したものであり、裁判官にあたる者には裁量の余地が与えられていた。これらの記録によると、初期の段階では偽造藩札作りは比較的量刑の軽い「流刑」であったが、その後、幕府の正貨偽造の罪に準じ、重い処分となった。

刑法典の記録が完備していた鳥取藩の事例では、偽造・行使の先例として、「一、贋銀札板木彫摺立候者《はんぎほりすりたて》　幷《ならびに》　拵させ候者　死罪梟首《さらし》　一、同馴合遣《なれあいつか》イ候者　死罪、但し、馴合所持致し候え共《ども》、未た遣イ不申《もうさざる》もの、御領国追放」と定められていた（藩法集「律」の条文による）。すなわち、偽造藩札の印刷をした者、行使した者が死刑とされ、贋札の所持者も追放処分とされていたのである。また、藩札偽造は同じ死刑ではあっても、金銀貨偽造の際の「引廻之上磔」よりも、やや刑罰が軽くなっているのが特徴である。

藩札の偽造対策の基本は、偽造や変造およびその行使に対する磔、獄門《ごくもん》、斬首《ざんしゅ》、曝《さら》し首などの死刑という極刑であった。磔や曝し首など、一般大衆に極刑を公開することにより、犯罪の発生を抑制する効果を期待したものと思われる。また、藩によっては、犯人だけではなく、一族郎党に対しての連帯責任を追及したり、あるいは中国の事例と同じように、犯人の密告者に対して褒賞《ほうしょう》を与えたりもした。

藩札の文面に見る偽造防止対策

藩札には、偽造すれば必ず刑を受けることを告知する偽造処罰文言が印刷されることもあった。

たとえば備中《びっちゅう》岡田藩（岡山県）の銀札では、「若有贋物法当必刑」（もし贋札を持っていたら法により必ず刑罰を与える）の文言を印刷していた。備中岡山藩では一六七九（延宝《えんぽう》七）年に「藩札通用規則」を公布した。その中には、銀札の偽造行為は、本人だけでなくその一族郎党、五人組まで厳重な処罰を受けること、また偽造藩札を持ち込んだ者があればその者を取り押さえ、すぐ奉行所に通報すること、と定められている。

また、一七四三（寛保《かんぽう》三）年に制定された尼崎藩（兵庫県）「銀札通用規則」によれば、贋札は引換所において交換するが、民間で贋札を授受した場合には処罰され、その管轄の村役人、町役人までもお咎《とが》めを受けるという連帯責任を定めている。同様の規制は大垣藩（岐阜県）の「銀札通用定書」にも書かれているところから、当時ほとんど同様の罰則や規制が広く使われていたと見られる。

なお、阿波《あわ》徳島藩の「金銀札遣及取締方等御触《おふれ》」では、贋札を使った者はもとより、その一族までも罪を受けるのは同様であるが、偽造犯の一味であっても、訴え出た者に対しては、その罪を免除するほか、褒美として白銀一廉《いちれん》を下されるという格別な規定があったことも興味深い。

このような偽造禁止および処罰規定が規則として制定されているということは、逆説的に考えると、藩札の偽造が横行していたともいえよう。用紙や版木について厳重な管理がなされていたとしても、しょせんは当時一般に使われていた技術であることから、偽造事件が起こってもおかしくはないと考えられる。ただ、偽造に対する刑罰の厳しさと自治組織による相互監視体制により、他の犯罪と同様、銀貨や銅貨の偽造はもとより、藩札の偽造もさほど多くはなかった模様である。

しかし江戸時代の末期になると、経済の疲弊混乱と治安の悪化により、藩札など通貨の偽造も増加したようである。

江戸時代の技術で製造された太政官札

太政官札の製造と発行

一八六八（慶応四＝明治元）年、明治新政府が成立した。新政府には租税収入などがまったくなく、事実上、その財政基盤は新政府を支援してくれた大阪の豪商たちの寄進に依存していた。そのため、政府の官吏に支給する給与にも事欠くありさまであった。

そこで新政府は、旧福井藩士・三岡八郎《みつおかはちろう》（のちの由利公正《ゆりきみまさ》）の建議を受け、同年二月に「金札」と称する「太政官札《だじょうかんさつ》」を急遽発行した。太政官会計局発行のこの紙幣は、実際は金銀貨とは兌換《だかん》されない不換紙幣であり、新政府の信用で発行するものであった。

太政官札発行の業務は三岡八郎に全面委任された。三岡は故郷の福井藩に戻り、さっそく今立の五箇村に集住する加藤河内、岩野源三郎ほかの紙漉き職人たちに命じて紙幣用紙の製造にあたらせた。紙漉き師・三田村筑前《ちくぜん》は要請に応え、全国から紙幣用紙の原料となる楮や雁皮の繊維を大量に集積し、紙幣用紙の製造を開始した。

一方、できあがった紙幣用紙に印刷を担当したのは、江戸時代から為替座三井組のもとで藩札などの版面彫刻、印刷にあたっていた京都の銅版師・松田玄々堂《げんげんどう》の松田儀《ぎ》十郎敦朝《じゅうろうあつとも》であった。松田はもともと、京都五条坂で各藩札の原版作成の御用を受けていた。その実績から、一八六八年四月、新政府の太政官会計局の指示により太政官札の原版の腐食彫刻、印刷を請け負ったのである。当初は彼の工房で弟子たちとともに紙幣を製造していたが、治安上の理由から、のちに二条城内で製版、印刷業務を行った。

しかし太政官札の印刷用版面は、一部の藩札の印刷に使われていたものと同じ腐食銅版であり、また紙幣用紙も広く全国の藩札で使われたものと同じであったので、当初から紙幣偽造の危険性が指摘されていた。

さらに、銅版の版面はエッチングの技法で作られるため、凹版《おうはん》画線の幅が一定で、画線の深さも浅く、図柄や文字を輪郭線で描く方式が通例である。しかも、版面の正確な複製ができない。そのため、版面が磨耗すると同じような版面を彫り直すことになるが、その際にはどうしても彫刻画線が変わり、若干のバリエーションが生じることは事実上、避けられない。これが偽造紙幣を生む素地となっていた。

このような状況下で、一八六八年五月、太政官札の「拾両《じゅうりょう》」「五両」「壱両《いち》」「壱分《ぶ》」「壱朱《しゅ》」の五券種が太政官会計局から発行された。これらの紙幣は一両以上の高額紙幣が主力であり、一般大衆が使いにくいので、翌六九（明治二）年一一月には民部省《みんぶしょう》から「弐分《に》」「壱分」「弐朱」「壱朱」の低額紙幣「民部省札」四券種が発行された。

国内における藩ぐるみの偽造

太政官札発行当時の日本は、まだ江戸時代の藩体制がそのまま残っており、江戸時代から通用してきた藩札が流通していたほか、財政難に悩む藩当局は、明治時代に入っても藩札（一八七一年の廃藩置県のあとには府県札）を発行していた。また民間でも資金難から、多くの寺社領札や私札が発行されていた。これらの各種紙幣の偽造に加えて、新しく発行された太政官札、民部省札などの「官省札」の偽造も横行した。

そのため明治政府は、一八七〇（明治三）年六月に贋札取締りについての指示を発したほか、「贋模《がんも》紙幣巡察《じゅんさつ》順序」という規則を制定した。さらに東京、大阪、京都など主要都市に「贋札《にせさつ》改所《あらためしょ》」を開設して取締りを強化したのである。

この取締り強化の中で多くの紙幣偽造者が摘発されたが、政府の公式資料である『貨政考要《かせいこうよう》』によれば、最大の偽造事件は福岡藩が藩ぐるみで行っていたものである。福岡藩では、藩の家老格の大参事等が共謀して福岡城内に贋札製造所を設け、職工数百人を使って「金札」の偽造発行を行っていたことが、七〇年一〇月になって発覚したのである。そして大参事等五人の責任者が逮捕され、翌七一年七月には全員が処刑されている。同じような「金札」偽造事件は秋田藩、広島藩でも発覚し、責任者が処罰された。さらに全国一二か所で、同様な事件が次々と摘発された。

上海製の偽造太政官札

防止対策が不十分であった太政官札の偽造は、国内ばかりでなく、当時の清国・上《シャン》海《ハイ》でも本格的に行われ、上海製の偽造紙幣一〇両、五両、一両札が日本国内に流入した。明治政府は外務大録《だいろく》（課長級か？）・品川忠道《ただみち》を上海に派遣し、犯人を捜索。その結果、呉吉甫《ごきちほ》、曹松甫《そうしょうほ》、李子根《りしこん》などの犯人を特定し、清国政府に犯人の処罰を要請するとともに、贋札版面の没収などを行った。

そのほか、一八七〇（明治三）年八月には、横浜の外国人居留地一三四番の雑貨商ロジャースと、小田原在住の山岸鉄次郎が共謀して、日本人彫刻師の清水龍造と同助手の増田佐太郎を監禁・脅迫、偽の一両札を製造させた事件が明るみに出た。しかし日本の官憲による捜査で偽造事件が発覚すると、ロジャースは香港《ホンコン》に脱出してしまう。そして再び上海においてアメリカ人のカセイと共謀し、中国人を使って偽造し、この偽の一両札五〇〇〇枚を横浜に持ち込み行使するという事件を起こす。発覚後、犯人であるロジャースの引き渡しをめぐり、面倒な外交交渉が続けられたが、ロジャースは一年間懲役刑《ちょうえきけい》に服したのち、国外追放となっている。

また戊辰《ぼしん》戦争のとき、官軍が東北地方に遠征した折には、官軍は太政官札などの版面や紙幣用紙、インキ、簡易な銅版印刷機などを戦線に携帯し、軍資金が不足した際には、現地で紙幣を印刷して発行したという噂も残っており、東北地方では当時の太政官札版面が古い寺院などで発見されている。

偽造にせよ官軍による「簡易製造」にせよ、それらの横行した原因は、太政官札がきわめて粗末な品質の紙幣であったためである。そこで明治政府は、印刷技術の進んだ欧米に日本紙幣を発注する。一八七二（明治五）年発行の「新紙幣」（ゲルマン紙

太政官札金拾両札

幣）各券種はドイツのドンドルフ・ナウマン印刷会社に、七三年発行の国立銀行紙幣「旧券」（アメリカ札）は米国・ニューヨークのコンチネンタル・バンクノート社にそれぞれ発注され、製造される。しかしこれらの紙幣にも、偽造は絶えなかった。

ドイツ製の精巧な「ゲルマン紙幣」の偽造事件？

精巧な偽造二円札の流通

一八七二年六〜八月に発行されたドイツ製の「新紙幣」は、双龍《ならびりゅう》や鳳凰《ほうおう》という江戸時代からの伝統的な図柄で、形も縦長の藩札型ではあるが、精緻《せいち》なエルヘート凸版《とっぱん》の地模様が施されていた。さらに高額紙幣においては、シャープな凹版印刷が特徴であった。すなわち新紙幣は、従来の藩札とはまったく異なった新しい方式の直刻凹版印刷やエルヘート凸版印刷を採用して微細な図柄や模様を描いたもので、偽造防止対策は万全であると考えられていた。そのため、一般大衆からは文明開化のシンボルであるとして大いに歓迎され、ドイツ製であったことから「ゲルマン紙幣」の愛称で親しまれた。

しかし、一八七八（明治一一）年から翌七九年にかけて、大阪など西日本を中心に、国庫への納税金の中から偽造のゲルマン紙幣二円札が相次いで発見されたのである。当時の一般大衆にとっては、あまりにも高額なゲルマン紙幣は日常生活においてほとんどなじみがなく、偽造紙幣かどうか判別できなかった。そのため偽造二円札は国庫に入金されて初めて贋札と判別されたのだが、今見ても精巧なできばえであった。

実はゲルマン紙幣は、ドイツでの製造が完了したあと、版面が日本側に引き渡されていた。七七年に勃発した西南戦争の際には、莫大な戦費調達の必要から、この保管していた原版を使って、「日本製のゲルマン紙幣」が急遽、東京の大蔵省紙幣寮で大量に製造される。記録によると、国産のゲルマン紙幣の製造枚数は、一〇円札が一五四万枚、二円札が九七九万枚、一円札が五三九万枚で、二円札のウエイトが大きかったことがわかる。七八年の米の値段が一俵二円四〇銭、現在のそれが一万五〇〇〇円強と仮定すると、二円札は現在の一万円強となるお札であり、五〇〇〇円強相当の一円札と並んで、当時は多く使用されたのであろう。

それでは偽造紙幣の特徴を見てみよう。本物の二円札が鳳凰や双龍などの主模様に凸版印刷を用いているのに対し、大量に発見された偽造二円札は印刷された鳳凰や双龍の画線幅が狭く、インキの盛り上がりも見られるところから、凹版印刷であると判断される。また紙幣用紙も、本物は靭皮《じんぴ》繊維の「みつまた」を原料としているが、偽

ゲルマン紙幣２円札の偽造紙幣（鈴木健二『NHK 歴史への招待８』／日本銀行金融研究所貨幣博物館所蔵）

造二円札は塡料の入った一般市販の用紙である。さらにインキも本物とは異なっていた。

しかし、鳳凰や双龍の主模様を腐食方式の銅版印刷の技術を使って印刷し、地模様も、本物に比べればかなり手を抜いているとはいえ、緻密な凸版版面を使って淡い空色のインキで印刷しており、全体として手間のかかった精巧精緻な紙幣であった。

捜査は難航

一八七九（明治一二）年九月、この偽造二円札に関する捜査が開始された。その結果、当時西南戦争で大儲けをした大阪の御用商人・藤田組の責任者、藤田《ふじた》伝三郎《でんざぶろう》の邸宅やその関係する銀行などが大規模な捜索を受けるとともに、藤田伝三郎本人をはじめ関係者が逮捕された。不思議なことに、捜査にあたったのは地元大阪の警察ではなく、東京から派遣された東京警視局の約一〇〇人の警察官たちであった。

事件発覚の発端は、藤田組の元手代による密告であった。その密告内容は、政商である藤田伝三郎が七六年に欧州外遊中の井上馨《いのうえかおる》大蔵卿に委嘱して、欧州で偽造させた偽の二円ゲルマン紙幣を大量に荷物の中に隠して輸入させ、手渡しで受け取ったというものであった。

逮捕された藤田伝三郎はじめその他の被疑者は、一様に無罪を主張し、また証拠もまったくなかったので、三か月にわたる厳しい取り調べののち、無罪放免となった。冤罪《えんざい》だったのである。実はこの密告者の元手代は、素行不良で藤田組を解雇された人物であり、逆恨みか、あるいは政争に巻き込まれて利用され、でっち上げの密告をした可能性が高い。捜査にあたった中警視は許可を得ずに警察の所管区域を越えて捜査をしたとして免官、権大警部《ごんの》は懲戒免官の処分となり、密告者は誣告罪《ぶこく》で懲役七〇日の刑罰を受ける結末となった。

この事件は、井上馨など急成長の長州閥に対して、やや劣勢に立っていた薩摩閥《さつま》が巻き返しをはかるためにゲルマン紙幣偽造事件をでっち上げ、藤田組と関連のあった井上馨大蔵卿を追い落とす政治的な目的があったともいわれている。

偽造ゲルマン紙幣の真犯人？　熊坂長庵

当時一般大衆は、偽造二円札がきわめて精巧であることから、偽造犯は相当な金持ちであり、欧州からりっぱな紙幣印刷機をひそかに購入して偽造したものと噂していた。ところが一八八二（明治一五）年九月になって突如、神奈川県中津村の熊坂長庵《くまさかちょうあん》なる人物が、単独犯として検挙されたのである。警察は同時に、偽造二円札八一五枚と、原版や印刷の器具一六点を押収したと発表した。

逮捕された熊坂は想像されたような金持ちではなく、小学校教員、医師、画工の経歴を持つ、三八歳の風采の上がらない男であった。しかも銅版画の技法も、なんとわずか二〇日ばかり学んだにすぎなかった。

熊坂は神奈川重罪裁判所に対して、自分はゲルマン紙幣のような精巧な紙幣の版面を偽造することはできないと、無罪を主張した。しかし訴えは認められず、偽造二円札二八〇〇枚を偽造し、うち二〇〇〇枚を行使したと認定されて、八二年一二月、無期徒刑の刑が宣告された。熊坂は大審院に上告して争ったが、翌八三年一〇月上告棄却となり、北海道の樺戸監獄に送られる。その後八六年に監獄内で死去したとも、あるいは模範囚のため刑期を減じられて出獄し、札幌郊外の月形《つきがた》村で客死したとも伝えられている。

明治政府が編纂した一八八一（明治一四）年から八二年までの「貨幣偽造犯捕獲表」には贋札犯人一七人が列挙されており、その中に神奈川県相模《さがみ》国愛甲郡中津村、熊坂長庵の名前が見える。ちなみに、八一年から八三年までの紙幣偽造および偽造行使、同未遂犯の数は一一〇人にのぼり、そのうち偽造犯の内訳は版刻職四人、元印刷局職工一人、表具師一人、代言師六人、無職の士族九人、印刷職一人、写真師二人、画工一人などとなっており、いずれも手先の器用な職業の人物が目立つ。

　改めて日本銀行貨幣博物館が保管している偽造二円札を眺めると、本物の主模様は凸版印刷であるが、贋札は凹版印刷であるため鳳凰などの図柄の画線幅が狭く、羽飾りの斑点が小さいこと、双龍の細く華奢《きゃしゃ》な画線と目玉の黒目の位置が本物と違うこと、地模様が大まかな印刷となっていること、数字の「2」やローマ字が曲がっているなど、若干の相違点が見られるが、全体としてきわめて精巧な偽造紙幣であったことがわかる。

　明治初期には、一般市民はもとより、偽造犯人も英文のアルファベットの文字をほとんど知らなかった。ゲルマン紙幣の表裏模様の随所に印刷されていた微小文字の「JAPANESE TREASURY」（日本大蔵省）の文字は、偽造券ではほとんど再現できなかったため、偽造防止対策として役立っていたとも言える。

　明治初期という時代や技術水準を考えると、偽造紙幣とはいえ、このように精緻な図柄や模様を入念に彫刻できる銅版印刷の技術は熟練と才能を要すると考えられ、熊坂長庵が単独で行ったかどうか疑わしい。また交通が不便であった明治初期に、神奈川県で贋札を作り、これを関西で使用することはほとんど不可能に近かったとも考えられる。真犯人は、はたして熊坂だったのだろうか。

大正時代の写真技術の発達と贋札

写真技術を応用した凹版印刷の偽造券

明治初期、政府紙幣（ゲルマン紙幣など）や国立銀行券（「国立銀行條例」に基づいて設立された民間の銀行が発行した銀行券）が発行されていたが、明治政府は紙幣の乱発を防ぎ、通貨価値を安定させるため、一八八二年、一元的に紙幣を発行する機関として日本銀行を設立、八五年から「日本銀行兌換銀券」を発行しはじめた。九九年末には政府紙幣や国立銀行券が通用禁止となり、日本銀行兌換銀券だけが流通するようになった。

そのさなかの一八九五（明治二八）年、大蔵省印刷局や日本銀行の専門家を驚かせた精巧な偽造券が東京市内で発見された。それは八八（明治二一）年に発行された菅《すが》原道真《わらのみちざね》の肖像と分銅型の模様を用いた改造兌換銀券五円券や、翌八九年に発行された武内宿禰《たけのうちのすくね》の肖像の改造兌換銀券一円券であり、一円券が四五〇〇枚、五円券が三五〇〇枚、偽造・行使された。その後、犯人の彫刻師や印刷業者等五人が逮捕され、同時に贋札の原版一六枚、偽造一円券五〇枚、偽造五円券一〇〇枚が押収された。偽造券はすべて彫刻凹版によるもので、透かしもあるきわめて精巧なものであった。

また、一九〇七（明治四〇）年にはやはり東京市内で一八九九年発行の和気清麻呂《わけのきよまろ》の肖像の甲一〇円券の贋札三八〇〇枚が発見された。これもすべて凹版彫刻されたものであり、間もなく主犯の銅版彫刻師とその一味が逮捕された。

これらの事件で注目すべきは、その製造の技法だった。急速に進歩し、日本にも普及していた写真術や写真製版技術を駆使したものだったのである。すなわち肖像など本物の紙幣の主模様を写真撮影して画像を銅版に焼き付け、その画線に沿ってエッチング技法、またはビュラン（銅版彫刻用の彫刻刀）で彫刻して、正確に図柄や文字を複製し、銅版印刷している。

明治の初期にわが国にもたらされた写真術は、英国のアーチャーが一八五一年に発明した「湿板《しっぱん》写真」であった。それは、ガラス板にヨウ化銀とコロジオン（ニトロセルローズ＋エーテル）の溶液を塗り、液体が乾かないうちに撮影し、現像するという、非常に難しい技術を要するものであった。しかし七一年に同じく英国のマドックスが「乾板写真」を発明する。臭化銀のゼラチン溶液をガラス板に塗り、乾燥したガラス板を使って写真撮影ができるように改良されたのである。こうして八三年にはイーストマン・コダック社が乾式フィルムを発売し、専門家でなくても誰もが手軽に撮影できるようになった。この乾式フィルムはやがて日本にも輸入され、普及した。

乾式フィルムが普及した結果、写真術を用いた精巧な銅版刷り、木版刷り、コロタイプ版による贋札が横行するようになったほか、一八九二(明治二五)年の凹版刷り贋札事件のように、写真術を応用して銅版上に直接紙幣の図柄を転写撮影し、これをもとにビュラン彫刻することで、精巧な甲一〇円券の贋札を作るという事例も起きた。

最新の紙幣印刷技術を調査せよ

このような偽造券の横行に対抗するために、一九〇四(明治三七)年八月以降、当時紙幣印刷を担当していた内閣所管の印刷局(一八九八年、大蔵省所管から内閣の外局になった)や、通貨管理担当の大蔵省の幹部らが集まって、偽造防止対策の強化のために日本銀行券を改造することを真剣に検討した(時の日本銀行副総裁・高橋是清《これきよ》もこの会合にいた)。

しかし同年、日露戦争が勃発したために紙幣改造は見送られ、まず先進諸国における紙幣偽造防止対策を調査研究することとなった。

そこで印刷局の小山初太郎部長と、のちに工学博士を授与される矢野道也課長が、一九〇七年四月から翌〇八年三月までの長期間、ヨーロッパ各国の中央銀行印刷所や政府印刷所を訪問し、最新の偽造防止対策の調査研究を行った。

矢野課長の帰国後の調査報告では、とくにオーストリアやドイツでの事例が参考とされた。その中で、先進国からアドバイスを受けたこととして、肖像や文字などの主模様を凹版の黒インキで印刷すると写真製版で完全に複製されるため、当時は写真うつりが悪かった緑色や淡い褐色などを使用することが好ましいこと、また、ゲルマン紙幣に使われたエルヘート凸版方式による地模様など、同じ彩紋模様を繰り返し使用したものは転写可能であるためこれを避け、異なる図柄や大きさに変えること、レインボー方式により地模様を変化させること、透かしをはっきりと見せるために紙幣の印面に空白部分を設け、そこに大きく肖像などの白黒透かしを入れること、などが挙げられた。

一方、高橋是清日本銀行副総裁からは、銀行券印面の太い額縁状の輪郭がラベルのような感じなので輪郭を弱めること、腰の弱いみつまたの紙幣用紙を強くすること、などの要望が出された。矢野課長はこれらの意見を受け、当時のドイツやオーストリアの銀行券を参考にして、新しい偽造防止対策を織り込んだ銀行券を企画したのである。

斬新な乙五円券に対する大衆の拒否反応

一九一〇（明治四三）年、新技術を織り込んで新しく「乙五円券」が発行された（頭に付く「甲」「乙」とは、同じ額面で図柄が異なる場合に、券種の混同を避けるため通貨当局が用いる符号。後述する「A券」「B券」も同様）。これは従来の日本の銀行券の様式を大きく変えるもので、確かに意欲的な作品となった。

紙幣の表面の肖像は菅原道真で、大山助一彫刻課長が彫刻した。大山は、米国の財務省印刷局やアメリカン・バンクノート社で世界各国の紙幣肖像彫刻に腕を振るい、名声を得て帰国したばかりだった。

表面は写真による複製防止のため、緑色の凹版インキで印刷された。また、券面左には印刷のない空白部を設け、そこに大黒天の肖像の白黒透かしを抄き入れた。これは、一九〇六年に発行されたドイツ帝国紙幣一〇マルク券のマーキュリー像の白黒透かしと同じ、斬新な考え方に基づくものである。

紙幣用紙の裏面には、赤、緑、黒三色の細かい着色繊維が散りばめられ、写真撮影がしにくい紫色凹版インキで印刷された北野天満宮の図柄が描かれていた。従来の紙幣の特徴であった重厚な額縁状の模様はなくなり、唐草《からくさ》模様や英文の兌換文言は、当時ヨーロッパで流行していたアール・ヌーボウ様式を採用していた。このモダンな図

「幽霊札」と嫌われた乙５円券

柄の銀行券は、「田沢切手」のデザイナーとして収集家の間で有名な外国帰りの図案官・田沢昌言《まさこと》がデザインしたものであった。

しかし、最新技術やデザインを採用したこの銀行券に対する一般の人々の評価は、意外にも芳《かんば》しくなかった。とくに緑色の菅原道真の肖像が、太宰府《だざいふ》に流され無念のうちに死去した道真の恨みを込めた表情のようで、「幽霊札」といわれた。また、大黒天の肖像入りの空白透かし部分は、印刷漏れではないかと酷評された。印刷局の自信作であった乙五円券は、あまりにも新しすぎ、一般人の紙幣の概念を超えてしまった斬新すぎる作品であったといえよう。

あまりの不評のため、この乙五円券は改造を余儀なくされ、一九一六（大正五）年一二月には、昔に戻ったようなデザインの丙五円券が発

アール・ヌーボウ様式を採用した丙５円券の裏面

行されることになるのである。

修正された斬新な技術とデザインの紙幣

当初乙五円券に続けて発行される予定であった乙一〇円券は、当然、乙五円券と同じコンセプトでデザインされていた。左側の空白部には恵比寿《えびす》の白黒透かしを入れた開放的なデザインで、色合いも、写真複製が困難な淡い色調が予定されていた。しかし、乙五円券の不評のためにデザインを急遽変更し、左の空白部に和気清麻呂の肖像、右に護王神社の拝殿を配置し、裏面はアール・ヌーボウ様式の英文兌換文言や唐草模様を入れたのである。実はそのために、この乙一〇円券だけが、日本の紙幣では唯一、左側に肖像を配置したお札となっているのである。

不評であった乙五円券の代わりに計画された

丙五円券には、初めて征夷大将軍・坂上田村麻呂《さかのうえのたむらまろ》の肖像を使用することが予定されていた。印刷局の磯部忠一《ちゅういち》図案官は、東京九段の靖国神社境内にある遊就館の陳列品である「錣《しころ》」や「兜《かぶと》」を参考に、ヒゲの豊かな田村麻呂の肖像を完成させた。しかしあまりにヒゲが濃く、日本人らしくない肖像に仕上がったため、結局この肖像は採用されず、武内宿禰の肖像が使われることとなった。

完成した丙五円券は、右に武内宿禰の肖像、左に鳥取県国府町の宇倍《うべ》神社の拝殿を描き、輪郭模様も再現されるなど、表面は従来の紙幣のデザインに戻ってしまったが、裏面だけはアール・ヌーボウ様式の豪華な唐草模様や英文の文言が残されていた。

このように、写真による偽造を防ぐための銀行券の改造は、結局もとに戻ってしまい、最新の技術を採用する余地がせばめられてしまったのである。

チ‐三七号事件・戦後の本格的な偽造券

本格的な凹版印刷のB千円券の偽造事件

一九六一（昭和三六）年一二月、日本銀行秋田支店で一枚の精巧な偽造B千円券が発見された。この偽造券が、その後、戦後最大の偽造事件といわれた「チ‐三七号事

戦後初の本格的な凹版印刷の B1000 円券

件」に発展するのである。秋田に続いて、千葉県佐倉市、埼玉県深谷市、岩槻《いわつき》市、静岡県静岡市、清水市など、東日本を中心に一一か所の都市で、合計三四三枚の偽造B千円券が六一年から六三年まで約二年間にわたって発見された。

このB千円券は、戦後の経済的な混乱が収まった一九五〇（昭和二五）年に発行され、六三年まで流通した紙幣で、表面に聖徳太子、裏面に法隆寺の夢殿の図柄を描いた、横に長いドル券に似たタイプの銀行券であった。それまでは、戦中戦後の混乱の中で、インフレの昂進《こうしん》にともなう紙幣印刷枚数の需要増加、物資の不足や印刷設備の老朽化により、偽造防止対策が万全といわれた凹版印刷方式のお札は一〇〇円券だけであり、A券シリーズのその他の銀行券は簡易なオフセット方式による粗末な印刷の紙幣であった。しかしながら、不思議と贋札はあまり出なかった。これは、偽造する側でも資材の不足などにより、偽造する余地が少なかったともいえよう。

一九五〇年頃になると、日本経済も安定的に発展し始めた。それにともなって高額の千円券の需要が高まり、本格的な銀行券の登場が期待されて、B千円券が登場した。そして誕生から約一〇年後の六一年、ついに精巧な偽造券が登場したのである。それまでの偽造券は大部分がオフセット印刷であったが、この贋札の特徴は、地模様に平版や凸版印刷を使用し、肖像や額面金額には凹版印刷も採用するなど、当時としてはきわめて精巧な印刷技術を施された点にあった。

しかし、偽造券の用紙には透かしがなく、上質のアート紙で、しかもその厚みは真券より約一割厚い一〇〇ミクロンである。方法としては、本物の紙幣を写真に撮り、これをもとに肖像や額面文字などをフィルターを使って色分解し、表面四色刷り、裏面三色刷りの合計七面の版面を使って偽造したものと見られている。

肖像などの黒色の凹版部分は、銅版に図柄を転写したあとに彫刻画線をニードルで入念に描き、これを腐食製版、それにビュランを使って補刻したものであろう。表面の緑色の地模様には網点を使わず、凸版方式の線面で入念に再現しているが、淡いピンク色の地模様はあまり目立たないため、版面の製作を省略している。裏面の複雑な夢殿や唐草模様の凹版印刷部分は、オフセット印刷や凸版印刷で再現している。

さらにもうひとつの特徴は、寸法が本物に比べて小型になっていることである。真券の縦六七ミリ×横一五四ミリに対して、偽造券は約二パーセント縮小された寸法となっている。これは、表裏の図柄をオフセットないし凸版印刷で印刷したあとに行う肖像などの凹版印刷の工程で、紙幣用紙を水に湿す湿式凹版印刷を用いているためと推定される。すなわち、凹版印刷時に水分を与えたときには用紙が伸び、印刷後の乾燥の際に、その反動で用紙がかなり縮小する。こうして偽造券の用紙寸法が小型化したものと見られる。そのほか、記番号の書体の違いや一連番号の位置ズレが見られる。

これらのことから、偽造犯は単独犯で、小型の凸版か石版印刷機を使って地模様を印刷し、小型の銅版校正機または印刷機で、コツコツと偽造券作りに励んだと見られる。

B千円券の偽造によってC千円券が登場

B千円券が初めて秋田支店に現れたあと、新聞などのマスコミが贋札の記番号を公表すると、犯人はさっそく次の偽造券から記番号を変え、捜査陣を煙に巻いた。もちろん警察側も必死で、情報提供者には一万円の謝礼を出すと公表、また全国の銀行の連合組織である日本銀行協会も謝礼一〇万円を出すと発表した。初任給が高卒で一万三〇〇〇円、大卒で一万六〇〇〇円の時代である（一九六三年当時）。

一方、捜査自体も必死で続けられた。全国の二〇万台以上の印刷機をしらみつぶしに調査し、凹版彫刻ができると見られた全国の彫刻者、印刷局のOB、さらに戦時中に中国紙幣の偽造作戦に従事した元陸軍の特殊工作機関・登戸《のぼりと》研究所（後述）の元技術者も調査の捜査対象となった。しかしこの偽造券は、一九六三（昭和三八）年の福島での発見を最後に突然姿を消し、騒ぎも下火となって、犯人逮捕のないまま事件そのものが迷宮入りとなってしまった。

このB千円券は精巧な偽造券といわれたが、仔細に観察すると、用紙の手触りの違いや厚みの違いに気づく。凹版印刷はインキの付きが悪く、かすれていて、地模様も大まかである。偽造犯は、贋札を使用する場所をそのつど変え、一度に使用する偽造券も限定し、記番号を変えるなど、「愉快犯」的な側面が見られる。犯人はさほど生活に困窮していなかったと見られるが、捜査網が身近に迫っていると感じて、突然、贋札の製造と使用を中断したのではないかと推理される。

使用された偽造券の枚数は二年間にわずか三四〇枚程度、金額も三四万円とあまり大きな被害ではなかったが、贋札が流通すること自体が通貨に対する国民の信頼を損

偽造に対応して発行されたC1000円券

ねる恐れが大きい。またB千円券はもともと、凹版印刷とはいえ、黒一色で地模様も単純であり、透かしの模様も印刷の図柄に隠れたままで識別しにくいという欠点を持っていた。さらに一九六〇（昭和三五）年頃には印刷局に新しいドイツ製の紙幣印刷機が相次いで導入され、カラフルで緻密な籠の編み目状の複雑な模様が印刷できるドライオフセット印刷機や、凹版多色印刷が可能なザンメル凹版印刷機が設置されていた。このような背景から、紙幣の製造を担当する印刷局も、ぜひ新しいデザインと最新技術を織り込んだ銀行券を製造したいと希望した。

　こうしてチ‐三七号事件の偽造券の出現が、いわば新しい銀行券発行のきっかけとなり、六三年一一月、伊藤博文の肖像を描いたC千円券がお目見えしたのである。

贋札で経営の立て直し

わが国の紙幣偽造史の中で、最高の枚数、金額を記録した五千円券の偽造事件「利一一八号事件」は、一九八一（昭和五六）年一二月、尼崎・園田競馬場での贋札発見からスタートした。翌八二年二月、大阪市内を中心に、タバコ屋、喫茶店、パチンコ店などで相次いでこの偽造五千円券が発見された。これらの偽造券は、本物の紙幣を製版用の大型カメラを使って色分解撮影し、これを上質紙にオフセット多色印刷した、かなり精巧な贋札であった。しかし精巧とはいえ、用紙には透かしがなく、本物の紙幣にはない唐草模様が一部追加して描かれており、全体の画線が不鮮明で、記番号も濃くふぞろいであった。

その後、同年九月になって、大分市の市営不燃物埋め立て場に大量の紙幣の刷り損ね印刷物や版面等が麻袋に入ったまま投棄されているのが発見された。大分県警は捜査を開始、倒産した印刷会社の元社長ほか数人を犯人として逮捕し、事件はあっけなく終幕を迎えた。驚いたことに、彼らはなんと、営業不振の会社経営立て直しの方法として、贋札製造を試みていた。

しかし、紙幣印刷の技術は特殊なもので、腕に自信があるオフセット印刷技術者であっても、紙幣を完全に複製することはもとより困難である。犯人は五千円券の原版を作るために、表面七色、裏面五色の異なる版面を製造したが、それらの色を刷り重ねようとしても色ズレが発生し、刷り合わせがうまくいかないうえ、印刷に使うインキの色も、微妙な中間色のために再現することは困難だった。そのほか大判八面の多面版で印刷したために刷り損ねの損紙が大量に発生し、廃棄処分に困るような状態に陥って、窮余の策として処分場に廃棄してしまったのである。

犯人グループがこの偽造券を製造するために要した経費は、人件費や苦労は別としても、材料費などで約六〇万円、偽造券を大阪で使うための交通費が約一三万円である。これに対して、贋札を使って得た釣り銭はわずかに一〇万円強であり、贋札と気づかれないように苦労しながら行動したストレスを考えると、とても割に合わない仕事であったといえよう。

印刷された枚数は、八一年一二月から翌年一月までに約二一〇〇万枚。そのうち裁判で偽造券として認定されたのは七万六四〇六枚、金額で三億八二〇〇万円だった。元社長は懲役一五年の刑。贋札作りは刑罰も重く、成功する可能性もきわめて少ない、この点でも割に合わない犯罪であることを、この事件はよく証明している。

その後、二〇〇一(平成一三)年一二月から翌年一月にかけて東京・浅草、大阪、静岡などで発見された偽造一万円券は、一〇年前に香港で偽造され、犯人一味がすでに逮捕されている「和D－五二号事件」と同じものであることが判明したが、あまり精巧とはいえないオフセット印刷製であった。犯人の逮捕で事件には終止符が打たれたが、これが本格的なオフセット印刷技術を使った偽造券の最後であったかもしれない。この頃から贋札は、カラーコピーによる偽造か、最近はやりのパソコンやプリンターを応用したデジタル式の偽造に変化してゆくのである。

デジタル時代の紙幣偽造事件

自販機のセンサーをくぐり抜ける贋札

一九九三（平成五）年四月、大阪、京都、滋賀など関西地区を中心に、約五〇〇枚の偽造一万円券が、自動販売機の中やJRの券売機などで相次いで発見された。この偽造券自体の品質はきわめてできが悪かった。透かしは不鮮明で、表裏の印刷も赤みがかり、図柄がボケて不鮮明であるほか、記番号の色が濃く、印章の赤が弱いというものであった。しかし偽造一万円券は自販機の紙幣鑑別装置「ビルバリデータ」をくぐり抜け、釣り銭の詐取《さしゅ》や両替が行われたのであった。

日本は自販機大国である。どの街角にも多くの自販機が立ち並び、全国で自販機は約一一〇万台、両替機は約二万台にも達しているが、この粗末な贋札は自販機の目をだます新手の偽造券の先鞭《せんべん》をつけるものとなった。

もちろん自販機にはさまざまなセンサーが組み込まれている。それらは当然のことながら各自販機メーカーの秘密事項となっているほか、各メーカーの紙幣鑑別のビルバリデータの仕組みはそれぞれ独自の方法を採用している。一般的には、紙幣の寸法や図柄など外見的な状態だけではなく、各種のセンサーを駆使して、紙幣内部の各種特定物質をチェックしている。すなわち、特定物質の有無だけでなく、その分布状態や強度なども測定することにより、偽造券の受け入れを阻止している。しかし、流通している紙幣はいつも新しいピン札ばかりではなく、くたびれた損傷券もあり、紙幣の受け入れ検知基準には許容限度が必要である。ただ、これがあまりに緩やかであると、粗末な印刷でも自販機が本物の紙幣と認識してしまうことになる。

さらに悪いことに、あるマニア向けの雑誌の記事に自販機の検知構造等が掲載され、センサーの組み込まれた位置や構造まで詳しく紹介されてしまった。そのため、その知識を悪用して自販機の目をだますような贋札が出てきてしまったのである。JRや金融機関では、係員を自動券売機や両替機のそばに立たせて監視したり、あるいは機器そのものを使用中止にする措置すらとった。こうして皮肉にも贋札のおかげで、今や自販機なしでは生活できない実情をわれわれは体験することになったのである。

肉眼で識別できるような、公開のそれは別として、紙幣に用いられている非公開の偽造防止対策はきわめて厳格に秘密事項として護られてきた。しかし最近では、雑誌の記事ばかりではなく、インターネットを通して海外からも情報が得られるようになり、従来のような比較的単純な特殊物質やセンサーでは対応できなくなってきている。

その後、自販機を通り抜ける粗末な偽造券に対する紙幣の製造面、機械検知面での防護策が強化され、今日ではこのような簡易な贋札は受け入れない体制が確立している。

カラーコピーによる偽造券の激減

最近ではほとんど見られなくなったのが、カラーコピーによる偽造券である。カラー複写機が職場に導入され始めた一九九三（平成五）年頃から、誰もが利用できるまでに普及した九八年頃にかけて、全国的にカラーコピーによる偽造券が横行した時期があった。カラーコピーを使った偽造は、行きずりで偶発的な犯罪ともいわれ、プロの偽造者ではなく素人《しろうと》が犯罪に足を踏み入れる危険性をはらんでいるものである。

たとえば九三年五月には、山梨県大月市の失業者が一〇〇〇枚ものカラーコピーによる偽造券を所持してその一部を使った事件が起きた。また会社員や学生が会社や学校のコピー機を使って大量の偽造券を作るという事件も頻発した。世界的にも、九二年頃から九六年頃までは、欧米において、全体の偽造券のうちでカラーコピーによる偽造券が大きなウエイトを占め、九六年の統計では、ドイツでは偽造券の四五パーセント、米国では約二一パーセント、スペインでは一四パーセントと高い比率であった。

しかし、九八年以降は、このようなカラーコピーによる偽造はほとんど見られなくなった。その背景には、世界の複写機市場をほぼ独占している日本の複写機メーカーが中心となって、欧州の中央銀行等と協力して複写防止技術を共同開発したことがある。銀行券に備わっている紙幣独自の特徴を感知すると、複写機は複写を停止するとともに、複写禁止の警告を表示するように機械の構造を改造したのである。この違法コピー防止の機能は、キヤノン、富士ゼロックス、リコーなど主な複写機に搭載され、偽造防止効果を発揮している。もちろん、いまだにカラーコピーによる偽造券も散見されるが、独特の光沢のあるカラーの色調や光沢紙の手触りですぐに偽造と見破られ、人々をだますことが困難になったという事情もからみ、数としては非常に少なくなっている。

激減したパソコンや複写機を使った偽造券

警察庁が公表している我が国の過去における贋札の発生状況報告では、二〇〇一（平成一三）年までは年間約一〇〇〇枚から七〇〇〇枚程度であったが、二〇〇二（平成一四）年から二〇〇五（平成一九）年にかけては最高約二万五〇〇〇枚まで増加している。この時期の偽造千円券は、人間の目では直ぐに真偽が判別できる程度の粗末なものが多くを占めた偽造手段は主にパソコンやプリンターを使った偽造であり、また自販機や両替機の機能を知り尽くした犯人が、自販機等の機器が紙幣のどの部分をどのような手段で検知しているかなど、検知箇所やその内容を熟知しており、それらに適合しないよう贋札を製造したものである。機械は騙せるが、人間の目では直ぐ真偽が判別できる程度の粗末な贋札であった。

その背景には、当初は一般市民が安易に自宅などで使用することができなかったが、その後カラー複写機やパソコンに接続する出力用プリンターなどの性能が飛躍的に向上し、しかもこれらの機器を個人が比較的安価で購入できるようになったという時代状況がある。このため、言わば素人集団が安易な気持ちで偽造券の印刷と行使という犯罪に手を染める事例が、世界的な規模で拡大波及したのであった。これらの複製された贋札は、紙質や印字状態から容易に判別できるが、紙幣に関する知識を持たない人々を対象に、出力した贋札を使い、あるいは真偽判別機能が不完全な機器を騙して使用したのであった。

このような情勢に対処するために、欧米や日本など一一か国で構成された中央銀行関係者で構成された研究開発機関が結成され、CBCDG（中央銀行偽造防止グループCentral Bank Counterfeit Deterrence Group）を組織し、これらの国の銀行券印刷局、パソコンや複写機器メーカーなどの技術者も参画して、デジタル機器を使用した通貨偽造を防止するシステムや技術を開発したのであった。現在CBCDGには主要三一か国の中央銀行および欧州中央銀行の合計三二行が参加しており、既にこの組織が開発したシステムは世界の主要な銀行券に採用されている。

またコンピュータやデジタル画像処理を行う著名な日本や欧米の複写機等のメーカーなども、自主的にその技術をパソコンや、複写機に導入することとなり、この方法が世界的に普及したために、従来のような高性能なカラー複写機を用いた精巧な贋札が急速に減少したのであった。アフリカ等の途上国の中には、精巧なカラー複写術を用いた周辺国の贋札製造グループによる攻勢に対抗するため、急遽改刷を行って、この技術を自国の銀行券に導入したスーダン共和国の最近の事例も報告されている。もちろん、現在でも一部のメーカーでは、その技術を採用していない例もあり、依然としてあまり精巧ではないが、コピー複写方式による贋札が散見されるのであろう。

この複写防止技術の詳細は公表されていないが、元来は日本のオムロン社が一九九四年に開発して特許を得ている技法で、世界的にはユーリオン（日本などではオムロンリングとも呼ばれている）という名称で呼ばれている。その技術の概要は、既にインターネットでも広く紹介、解説されているほとんど公知の技法である。肉眼でも容易に観察できる目立ったマークで、直径一ミリ程度の小さなリングから構成されたものである。現在ではアメリカ、ヨーロッパ、中国、インドなど世界の約五〇か国以上が採用しており、日本でも平成一二年発行のD二千円券以降採用されている。

著名なメーカーが製造する新鋭複写機では、機械に内蔵されたセンサーが、そのマークを検知して印刷を止める仕組みとなっている。もちろん、当然ながらそれ以外の非公開の複写防止技術もあるため、カラー複写機等を使った安易な技法による贋札が、現在では急速に減少しているのである。一方、欧米諸国の中には、この装置を内蔵しない機器もあるため、世界的にみると、プロの偽造集団が行うオフセット印刷などを用いた贋札と並んで、カラー複写機を用いた贋札が依然として多く後を絶たないのが現状であろう。

最近では、インターネット上の紙幣の図柄を取り込んで偽造したり、CD－ROMやDVDの画像から偽造することも予想され、デジタル化した画像処理の利便さの背景には、これが犯罪に利用される恐れを秘めているのである。

◆コラム◆偽造防止技術の話①　紙幣の肖像は偽造防止の決め手？

紙幣には「肖像」がつきものであり、図柄に全体像や肖像（顔）を用いることは常識と思う人も多いだろうが、世界各国の紙幣を調べてみると、意外にも肖像のない紙幣が実は約三割を占めている。

世界全体を見ると、二〇一九年現在で独自の銀行券や政府紙幣を発行している国や地域が一五六か国あり、そのうち肖像を使用しているのが九九か国で六四％、一部の券種に使用しているのが五か国で三％、全く肖像を使用していない国が五二か国で三三％となっている。

肖像なしの紙幣の代表は、二〇〇二年一月に新規発行されたユーロ紙幣で、その後ユーロ紙幣を使用する国や地域が増加しているが、ユーロ地域共通の銀行券であるため、特定の国を連想させる人物肖像や風景・建造物等を避けて、ヨーロッパの各時代を代表する建築様式の窓部分や、橋梁を描いている。

全体的な傾向としては、ユーロ紙幣に倣い図柄に橋梁を描くデンマーク、船舶を描くノルウェーなど、また憲法改正により人物肖像を銀行券に掲載することを禁止したケニアでは、初代ケニヤッタ大統領の肖像を彫像に代えたり、ガンビアのように選挙で敗北した前大統領の肖像に代えて動物を描いたり、アルゼンチンのように固有の動物を採用する事例も多く、全体として二〇〇二年頃の肖像なし二七%が現状では三三%に増加している。そのほか、従来はイスラム圏では偶像崇拝を避けるという宗教上の理由から、一般的に肖像の使用を排除して来たが、最近ではイスラム圏でも権力者である国王や大統領などの肖像を積極的に採用する事例も多く見られるようになっている。

ただ、紙幣に肖像を用いる場合が多いのは事実だし、さぞその歴史も古かろう、というのが一般的な見方かもしれない。実際、貨幣（コイン）の場合は、ヨーロッパでは紀元前からローマ皇帝ジュリアス・シーザーが使用されるなど、ほとんど例外なしに歴代の権力者たちがコインの表面にその肖像を残している。しかし歴史をひもとくと、意外にも紙幣への本格的な肖像の登場はかなり新しい。

初めて紙幣を発行した中国の場合、北宋の交子には人物群像が描かれていたようだが、それ以降の歴代の王朝が発行した紙幣には肖像はいっさい描かれず、その代わりに皇帝のシンボルとしての龍の図柄が描かれていたにすぎない。

日本の場合、一六〇〇年代に登場した山田羽書には小さいながら大黒天の図柄が、現存する最古の藩札である福井藩札（一六六六年）の各券種には裏面に象や麒麟《きりん》などの姿が描かれている。その後、続々と発行された多くの藩札にも、おめでたい鶴亀、松竹梅や宝珠、青海波《せいがいは》などの図柄とともに、大黒天、恵比寿、福禄寿《ふくろくじゅ》など七福神の図柄が描かれている。ただ、これらは全体像であり、「肖像」というにはほどとおい。ちなみに、この伝統は明治時代に入っても太政官札や民部省札、新紙幣（ゲルマン紙幣）に引き継がれ、天皇の肖像の代わりに龍の図柄や鳳凰が描かれている。

西欧諸国においても、紙幣への肖像の採用は非常に遅い。たとえば西欧諸国で一番早く発行された紙幣は一六六一年のスウェーデンのストックホルム銀行券だが、この場合も文字だけであり、一八三六年発行のものでも、紋章を描いている程度である。英国のイングランド銀行券は、そのスタート時にブリタニアの紋章が小さく描かれただけで、これが延々と続き、一九一四年、政府紙幣に初めてジョージ五世の小さな肖像を印刷している。フランスの場合も最初は文言だけであり、フランス革命期の一七八九年に発行された紙幣に、ルイ一六世の小さな肖像を採用している。ちなみにこの紙幣の肖像のせいで、革命のさなか、ルイ一六世は逃亡中に民衆に発見され、ついに断頭台の露と消えたのである。

米国では、まだ英国の植民地だった時代に発行された「大陸紙幣」に、鳥や動物や紋章などさまざまな図柄を使用しているが、一七七五年発行の大陸紙幣に初めて、米国の自由独立のために発行した旨の文言とともに、剣を持った人物像が描かれている。

本格的な肖像の出現はこの米国が最初で、一八六〇年代から、女神像や、アメリカ大陸を「発見」するコロンブスなど、歴史画のなかの人物と並んで、建国当時の政治家や歴代の大統領などの肖像が採用され始めた。おそらく、南北戦争という内戦による後遺症を引きずるなか、建国当時の人物を描くことで、南北に分かれて戦った国民が一致団結して国家再建に立ち上がるよう呼びかける政治的な意図があったのだろう。

一九世紀から二〇世紀にかけて権勢を誇ったオーストリアでは、一八四一年以降の銀行券にアトラス、ミネルバ、オーストリアなど、守護神、女神の全体像や肖像が採用されるようになった。やがて一九〇九年以降、本格的な女性肖像が登場するようになったが、国王や政治家の影響を極力排除し、紙幣の上でも文化国家を志向する意図が感じられる。

ロシア帝国では、当初は紋章などの図柄が用いられていたが、一八六六年に国王ドンスコイの大型肖像が採用されたあと、守護神、女神の時代を経て、一八九八年以降エカテリーナ女帝、ピョートル大帝、ニコライ一世など、歴代の皇帝の肖像が精緻な凹版彫刻で印刷されるとともに、用紙の透かしにも豪華に採用されるようになった。その背景には、皇帝の肖像を紙幣に描き、民衆からしだいに離反されて崩壊の道を歩むロシア皇室の権威を取り戻したいという意図が働いたのかもしれない。

国家統一の遅れたドイツでは、各地方王国でそれぞれ独自の紙幣や銀行券が発行され、各地の守護神、女神、商業神などの図柄が使用されてきた。ドイツ統一後の一八九九年にも、守護神ゲルマニアの肖像や女神像が採用されたものの、ついに皇帝の肖像は登場しなかった。これはプロシア主導による国家統一に対する反発を懸念して、あえて皇帝の肖像を避けたのかもしれない。

このような情勢の中で、近代日本の紙幣には比較的早くから人物肖像が印刷されている。米国に発注して一八七三（明治六）年に発行された国立銀行紙幣（旧券）は、米国の国法銀行（ナショナル・バンク）の制度だけではなく、その紙幣の図柄や文言まで模倣したものであった。その結果、国立銀行紙幣の一部券種には、歴史上、天皇を中心とした皇室の政治に貢献したとされる忠臣たちが採用されている。すなわち一円券には上毛野《かみつけの》田《た》道《みち》（源為朝《みなもとのためとも》説もある）、二円券には新田義貞《にったよしさだ》、児島高徳《こじまたかのり》、一〇円券には武内宿禰、神功《じんぐう》皇后で、二〇円券には素戔嗚尊《すさのおのみこと》、大国《おおくに》主命《ぬしのみこと》などである。小さな図柄ながらその全体像が描かれている。

日本における本格的な肖像の採用は、一八八一（明治一四）年から八三年にかけて発行された改造紙幣（神功皇后札）である。『日本書紀』に「幼にして聡明叡智、容貌壮麗」と簡潔に記述された神功皇后は、お雇い外国人彫刻師キョッソーネによって、気品にあふれた素晴らしい肖像に彫刻され、印刷された。この紙幣は、当時のどの国の政府紙幣や銀行券よりも優れた肖像として知られている。

もちろん、伝承の人物である神功皇后には、手本となるリアルな写真や絵図はない。そのため彫刻を担当したキョッソーネは、各種の文献に基づいて考証しつつ、当時比較的入手が容易であった武者絵や役者絵の版画などを参考にし、イメージをふくらませて入念に構想を練った。さらに写実主義者であったキョッソーネは、美人の印刷局女子職員を数人モデルに選んで素描画を描き、これらをもとに紙幣の肖像を完成させたといわれている。それでも、イタリア人キョッソーネが最初に彫刻した一円券の肖像は、目鼻立ちがなんとなく西洋人の女性に似ているといわれたため、その後の五円券ではいくぶん改良し、最後に手がけた一〇円券では日本人らしい優雅で高貴な女性像に仕上げている。

紙幣に肖像を用いる本当の理由

われわれ人間は、幼い頃から他人の顔を眺めて育っており、人物を識別できる優れた能力や感覚を有しているため、一見して相手の人物の喜怒哀楽、健康状態までも感知できるセンサーが本来的に備わっているといえる。したがって、もし日常見慣れた紙幣の肖像が若干でも異なっている場合には、おかしいと感じるなど真偽判定が容易にできるため、紙幣には肖像を印刷することが好ましいことになる。さらに、紙幣の肖像を大型化すると顔のスペースが拡大し、彫刻される画線が多くなって、目鼻や口もとの画線、皮膚や頭髪も緻密に表現されるようになり、いっそう偽物と本物との違いが明確になるのである。

明治二〇年代から一九四五（昭和二〇）年までの間に日本の政府紙幣や銀行券に使用された肖像の人物は、一八八七（明治二〇）年七月に閣議決定された「兌換銀券ニ肖像使用ノ件」に基づき、七人の人物の中から選定されている。この七人は、日本武尊《やまとたけるのみこと》、武内宿禰、藤原鎌足《かまたり》、聖徳太子、和気清麻呂、坂上田村麻呂、菅原道真であり、これらの人物は「本邦上古ヨリ洪勲偉績アルモノニシテ万古ニ

B100円券の板垣退助（左）、改造兌換銀券１円券の武内宿禰（右）

亘《わた》リ衆人ノ愛敬仰慕《あいぎょうぎょうぼ》浅カラズ」としている。これらの人物は、古代の朝廷政治において天皇制を擁護するために貢献した人物である。このうち坂上田村麻呂だけが一度も採用されていない（候補にはのぼった）。例外はあるものの、戦前の紙幣では武内宿禰は主に一円券に、菅原道真は五円券に、和気清麻呂は一〇円券に、藤原鎌足と聖徳太子は一〇〇円券に登場する機会が多かった。

戦前の政府紙幣や銀行券に採用されたこれら七人の人物のうち、女装して熊襲《くまそ》魁師《たける》を暗殺したとされる優男《やさおとこ》の日本武尊を除く人物は、いずれも豊かなあごヒゲをたくわえている。また戦後に発行された銀行券の肖像のうち、板垣退助、伊藤博文にもヒゲがあり、このヒゲこそが偽造防止の決め手であるといわれたことがある。戦前や戦後まもなくの時期の写真術や製版技術では、ヘアラインと呼ばれる肖像の細いヒゲや頭髪の画線は、完璧には再現できなかったからである。

しかし実際は、紙幣の肖像人物はヒゲの有無や頭髪の量、偽造防止対策上好ましい顔かどうかを基準に選定されるわけではない。その人物の果たした歴史上の役割や業績、人々に敬愛されるような人格や見識、手本となる適当な肖像写真の存在などが検討され、決定されるのである。また、紙幣肖像の採用方針は、その時代時代の要請や一般大衆の意向などが参酌《さんしゃく》されるほか、世界的な紙幣肖像に関する潮流、さらには品格があり、彫刻しやすいメリハリの利いた肖像かどうかなどが検討される。

最近の銀行券の肖像は文化人志向であり、さらに男女の機会均等という要請に応える必要があるため、実際、ヒゲばかりにはこだわってはいられない。あごヒゲが豊かで頭髪の多い人物が好ましいといっても、明治以降の人物は一般的にあまり豊かなヒゲをたくわえていない。せいぜい鼻下に口ヒゲをたくわえる程度である。また女性にはヒゲがないため、当然ながら、昔のようなヒゲが絶対的な基準ではなくなっているのである。

また肖像には、人生の年輪を感じさせる顔の皺や、凹凸のあるメリハリが利いた特徴のある顔が好ましいが、これも選定される人物によっては無理な相談となろう。それに最近のカラー複写機やパソコンを使った偽造紙幣は、仔細に観察すればただちに偽造券と判別できるものの、それなりの肖像が再現されるため、以前に比べると相対的に偽造防止効果が減退してきているのは事実であろう。したがって、戦前のように肖像に過度に偽造防止効果を期待することは無理であり、従来、肖像が持っていたその効果は、新規に開発されたさまざまな複写防止技術に少しずつその役割をゆだねている。

もちろん、そうはいっても、優秀な彫刻者によってシャープな直刻画線を用いて彫刻された紙幣肖像は、その人物が生きているようにリアルに表現されている。肖像の目鼻や口もとの繊細で美しい細画線、その逆にシャドー部分や洋服の部分の太く盛り上がった画線、さまざまな異なる方向に彫刻された画線は、容易には摸倣できないものであり、依然として偽造防止のための大切な役割をになっていることは間違いない。

これは日本の紙幣だけではなく、外国の紙幣でも同様である。たとえば米国のドル紙幣に彫刻されているフランクリンやグラントなどの大統領の肖像も、従来に比べて格段に大型化し、加えてそのスペースの中に細画線を多く彫り込んでいる。また、英国のエリザベス女王の肖像も、やや皺が多すぎてあまりにもリアルすぎるという批判も一部にあるが、細画線により緻密な彫刻を施し、偽造防止対策を万全にしている。

肖像の持つ偽造防止効果は、肖像のないユーロ紙幣と比べると容易に理解できるものである。もし偽造されたユーロ紙幣の建物や橋の図柄にわずかな変化があったとしても、われわれはほとんど気づかないであろうが、肖像の場合であれば、人物を見慣れたわれわれの目は、すぐにその違いを発見することができる。さらに、紙幣肖像の持つ美的な側面や教育的な効果を考えると、肖像のない紙幣は、筆者としてはおすすめできない。

第二章　世界の贋札史

中国歴代王朝贋札史

贋札を作らせなかった元王朝

さて、世界初の紙幣および偽造紙幣を生んだ中国の贋札史は、その後、どのように展開したのだろうか。

一三世紀初め、モンゴル高原に興ったモンゴル帝国は、強力な騎馬軍団の軍事力をもって東西にその領土を広げた。そしてフビライ・ハンの代に至ってついに中国本土を征服（一二六〇年）、フビライは皇帝に就任するとともに、一二七一年には国名を元と定め、強力な統一国家を成立させた。元王朝は当初から金銀貨や銅貨などの鋳造貨幣の使用を禁止し、紙幣のみを通貨として流通させる財政方針をとって、貨幣を使う者に対しては厳罰で臨んだ。一二六四年には紙幣発行のための役所「平準行用鈔庫《へいじゅんこうようしょうこ》」を設置し、当初、三七〇〇万両の紙幣を発行した。

現存する一二六〇（中統元）年発行の「中統元宝交鈔《ちゅうとうげんぽうこうしょう》」の一貫文は、青黒味を帯びた色の桑の皮を用紙の材料としたもので、銅版の版面で図柄を印刷し、これに官吏が署名・押印し、朱肉で印璽《いんじ》を押印して発行したものである。

当初は、皇帝が人々から中国国内の銀貨や銅貨を徴収したことで紙幣発行の裏付けとなる発行準備の貨幣も潤沢であり、また発行量も抑制されていたため、紙幣は円滑に通用していた。イタリア・ベニスのマルコ・ポーロが商人である父に連れられて元を訪問した一三世紀半ばは元王朝の勢いが最高潮の時期でもあり、この中統元宝交鈔が国内だけではなく外国との交易でも円滑に使用されていた時期であった。

マルコ・ポーロの『東方見聞録《とうほうけんぶんろく》』には、フビライ・ハンは「いっさいの支払いをこれ（紙幣）ですませ」、「流通を肯んじなければ死刑になるので、だれ一人としてこれが授受を拒む者はいない」。外国との交易でも紙幣が用いられているうえ、紙幣が破損した場合には、三パーセントの手数料を支払えば新しい紙幣と交換できる。皇帝は「最高の錬金術師」であると述べられている（愛宕松男訳による）。

当時のヨーロッパの人々にとっては、単なる紙切れにすぎない紙幣が、素材価値を持つ銀貨や銅貨と同様に経済取引の中で使用されていることは大きな驚きであったとともに、その紙幣発行による発行差益を獲得できる皇帝の特権はうらやましいものであっただろう。

中統元宝交鈔は、皇帝の権威が強大だったことから円滑に流通し、偽造犯に対して厳格に死刑が執行されたため、ほとんど偽造事件が発生しなかったといわれている。

しかしその後、元の紙幣もその力を減ずる。

元王朝が衰退に向かった時期の一二八七（至元二四）年に「至元通行宝鈔《しげんつうこうほうしよう》」が発行された。券面には、紙幣の発行元である役所「尚書省」が皇帝の命令でこの至元通行宝鈔を印造、この紙幣は期限を限らずに強制通用力を持って各地方で収受される旨を印刷し、発行者である宝鈔庫子、印造庫子などの官署名が表示されている。紙幣の中央には、金王朝時代と同様に大きな文字で、「偽造者処死、首告者賞銀伍定仍給犯人家産」（偽造者は死刑に処す。偽造犯通告者には賞金として銀伍定および偽造犯の家屋財産を支給する）と表示され、発行年月日が書かれている。

中統元宝交鈔が乱発により価値が低下したことから、紙幣価値を回復するために発行した新紙幣であったのだが、この紙幣も相次ぐ乱発により紙幣の価値が下がり、物価の騰貴と経済の混乱を生んで、やがて元王朝自体の崩壊を招くことになった。『元《げん》史《し》食貨志《しよつかし》』によれば、元王朝末期（一四世紀半ば）には紙幣を乱発したため、いっそう紙幣の減価を招き、しかも「偽鈔」（贋札のこと）はますます増加して、収拾がつかない状態となっていったという。

洋の東西を問わず、政権崩壊期には、国家財政の疲弊や安易な不換紙幣の乱発により自滅の道を突進することを、われわれは歴史の教訓として学ばなければならない。

明王朝の紙幣偽造が少なかった理由

一三六八年に元王朝を駆逐して明王朝を樹立した太祖《たいそ》・洪武《こうぶ》帝は、当初、元王朝の紙幣乱発による崩壊の史実を見て、銅貨や銀貨などの貨幣のみを発行した。しかし一般民衆は紙幣に慣れ親しんできたため、銅貨の流通は円滑には行かなかった。

そこで紙幣発行の役所「宝鈔提挙司《ほうしょうていきょし》」が設置され、一三七五（洪武八）年に「大明《だいみん》通行宝鈔《つうこうほうしょう》」が発行された（『明太祖実録《みんのたいそじつろく》』より）。

紙幣の大きさは世界史上最大の、縦三三八ミリ×横二二〇ミリ。用紙は桑の皮と藁《わら》を混合しており、やや青黒味を帯びている。印面は額縁状に龍と花模様で囲まれ、上部には横書きで「大明通行宝鈔」の題字、上部左右には篆書体《てんしょたい》で「大明宝鈔」「天下通行」の文字、中央に額面金額「壱貫」の文字と「緡《ぜにざし》」（細縄でつながれた銭の束）一〇個の図柄を描き、下部には偽造防止用の文言と、年号「洪武年月日」が表示されている。

明王朝では紙幣だけの流通を避け、銭（貨幣）と鈔（紙幣）との併行流通をはかっ

大明通行宝鈔の原版（中国銭幣編輯部編『中国古鈔図輯』／貴州省銭幣学会所蔵）

たが、それでも紙幣増発は続き、銀貨と紙幣との価格差が著しくなってしまう。紙幣は無価値に近くなり、明王朝が衰退しつつあった憲宗《けんそう》皇帝の時代（一五世紀半ば）頃には、銅銭や銀貨が通貨の主体を占めるようになった。今日でも明時代に発行された「大明通行宝鈔・壱貫」紙幣が比較的安価に入手できるのは、インフレにより当時すでに紙幣としての価値を失い、収集品として退蔵《たいぞう》されていたからであろう。このため、幸か不幸か明時代にはほとんど偽造紙幣が見られず、むしろ銅貨の偽造品が横行したのであった。

清王朝の紙幣と偽造防止対策

中国東北部から興り、明に代わって中国本土を支配した清王朝は、歴代王朝が紙幣を乱発して衰退した史実を教訓として、短期間だけわずかな紙幣を発行した例外の時期はあったが、原則として銅貨や銀貨などの貨幣を使用し、紙幣の発行は抑制してきた。

しかし、やはり末期になって、一八四〇年から四二年にかけてのアヘン戦争での敗北、五三年の太平天国の乱など、大きな戦いが続くようになると、清朝の国庫も貧窮を告げるようになり、やむを得ず一八五三（咸豊《かんぽう》三）年に銀代用の「戸部官票《こぶかんぴょう》」を発行し、直後に銭代用の「大清宝鈔《たいちんほうしよう》」を発行した。

この戸部官票は、用紙に高麗《こうらい》紙を使い、表面には額縁状に皇帝の象徴である龍の図柄や青海波を青色のインキで印刷し、その枠内には漢字と満州字で「戸部官票」の文字、その下に「準二両平足色銀伍拾両」と印刷および墨書きし、右に紙幣の発行番号、左に発行年を、下部には印刷で「戸部（財務部）は勅許により官票を発行する。およそ官票を銀銭に兌換することを願う者には、一律に銀銭を与える。その換算率は准按《じゆんあん》部《ぶ》が定め官報に掲載する。偽造者は法によって厳重に処罰する」の意味の文言を表示している。

これらの紙幣は、発行されるや否や、たちまちその価値が下落し、市場から姿を消すことになったため、皮肉にも偽造紙幣の発生する余地が少なかった。しかし裏面の白紙部分には、その紙幣を受け取った人物の名前のサインと印章が押印されており、この個数が多いほどその紙幣は信用度が高まったといわれている。今日でも比較的保存状態のよい戸部官票や大清宝鈔が古銭市場で入手できるのは、紙幣があまり流通しないうちに価値が減価し、新札同然で退蔵されたためである。

価値のある紙幣であれば、必ず偽造紙幣が発行され流通するが、偽造もされないほど価値のない紙幣は、なんとも寂しい気持ちになる。

ヨーロッパでも紙幣誕生の瞬間から偽造券発生

ヨーロッパ最初の銀行券

中国における「交子」の発行から遅れること約六〇〇年、ヨーロッパで、一六六一年七月一六日になって初めて「銀行券」が登場した。中国とは異なりヨーロッパでは、貨幣自体に素材価値がある貴金属の金銀貨や、素材に信頼の置ける銅貨などの金属貨幣が長い間流通してきたため、紙幣の登場は大幅に遅れたのである。

ヨーロッパで初めて紙幣が登場した理由は、中国で「交子」が登場したのと同様に、金属貨幣の取り扱いがきわめて不便となり、その代替物が不可欠となったためである。

一七世紀前半、スウェーデン王国は北ヨーロッパを中心に繰り広げた三十年戦争やその後の周辺国との戦争によって、一六六〇年代には財政が疲弊し、金銀貨の在庫は底をついて、銅貨中心の決済が行われるようになった。しかし銅貨は金貨や銀貨に比べると素材価値が低いため、大きな取引にはきわめて大量の重い貨幣を必要とした。

そこで当時スウェーデンでは、小さな円形ではなく、超大型で厚い板状の銅貨を使用していた。表面には、スウェーデン王国造幣局の王冠と当時の王フレデリックの頭

板状銅貨の１／２ダーレル硬貨

文字であるＦＲＳの略称、西暦年、額面金額などが一定間隔で何個も打刻されていた。額面金額の大きいものは三〇センチ四方、厚みが五ミリ以上あり、重さも大きいものは四キロから二〇キロもあるため、とても重くて持ち運びが困難だった。

このような重い貨幣ではとても不便なために、その代わりとして銀行券「ストックホルム銀行券（Stockholms Banco Kreditiv-Sedlar）」発行の構想が一六五二年に提起された。この最初の銀行券を国王に提案したのは、エストニア出身の銀行家ヨハン・パルムストルックである。彼の提案は折からの財政破綻で銀貨の不足に悩んでいたスウェーデン政府の採用するところとなり、提言したパルムストルックが銀行の総裁となって、一六六一年に初めての紙製の銀行券を発行したのである。

心配だったのは人々の反応であるが、すでに重い銅板貨幣に非常に困惑していたため、紙製の銀行券でも信用して使用され、貨幣の不足を補うことができた。ちなみに銀行券が発行されたあとも、一七五〇年頃までは銅製の板状貨幣は依然として発行され、流通していた。

最初の偽造銀行券も現存

一六六一年に発行されたストックホルム銀行券は現存しないため詳細は不明であるが、それとほぼ同じ様式の六六年二月二六日発行の五〇ダーレル券が、スウェーデン銀行博物館に展示されている。さらに同館には、一六六二年から六四年までに発行された銀行券四枚が残存しているそうであるが、驚くべきことに、本物の銀行券とともにその精巧な偽造券のほうが七枚も残されている。銀行券の発行とほぼ同時に、偽造銀行券もさっそく登場したのである。

このヨーロッパ最初のストックホルム銀行券は、用紙に関してこそ、ボロ布を主原料とした手作りで厚手の木綿用紙であり、透かしもないなど工夫がなかったものの、当時としては最新の種々の偽造防止対策が講じてあった。

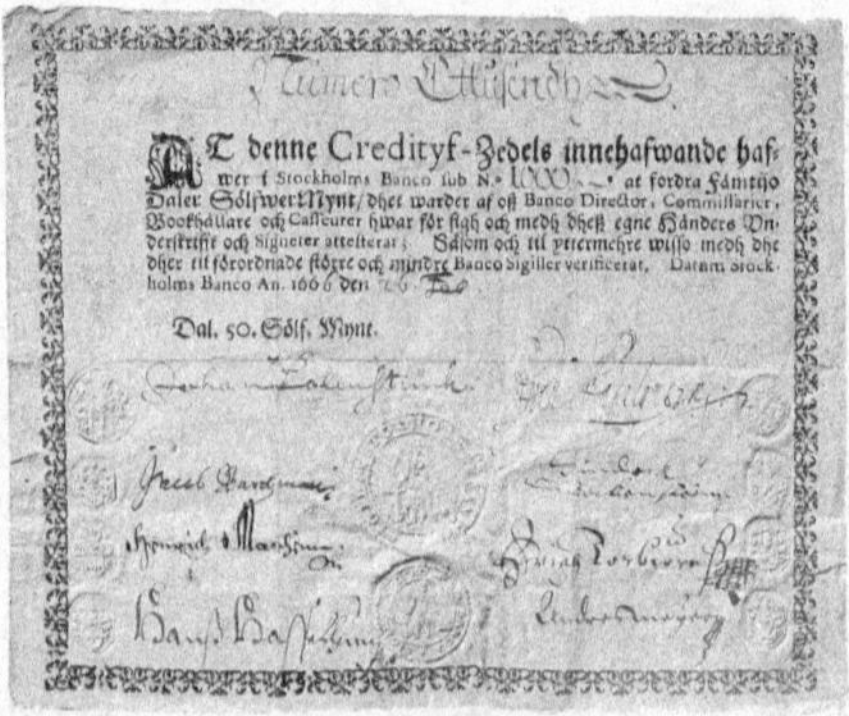

ストックホルム銀行券50ダーレル券
(Svenska Turistföreningen, *Känn ditt land nr 17. Svenska pengar*)

銀行券の支払文言や輪郭枠の模様は凸版印刷であるが、当時は手書きのサインや数字が最も偽造が困難とされていたため、銀行の総裁であるヨハン・パルムストルックのサインを筆頭に、銀行の理事、帳簿係、現金出納係など八人のサインがなされ、額面金額や記番号、発行日などは、帳簿係のハンス・エリクソンが手書きしている。

　そして最大の偽造防止のポイントは、理事八人のサインの前または後ろに空押《エンボス》しされた各人の紋章であり、中央の二つの大きなエンボス紋章は異なる図柄の銀行の紋章である。これらの紋章は、エンボス模様が変更されたり凹んだりしないように、裏側から小さな紙片がそれぞれの個所に裏打ちされている。

このような偽造防止の工夫がなされたにもかかわらず、すぐに有能な偽造犯が現れた。エンボスの紋章や銀行の理事たちのサインを偽造し、さっそく本物と区別が困難なほどの精巧な偽造券が製造され、これが流通してしまったのである。当時、偽造かどうかを判別しやすいとされたサインやエンボスの紋章も、ベテランの偽造犯の手にかかると、いとも容易にまねされてしまったのである。

英国での紙幣偽造犯大量処刑

大勢の贋札犯人が処刑された理由

一九世紀前半の英国は、偽造されたイングランド銀行券が巷《ちまた》に氾濫した時代であった。ロンドン郊外のある丘には、絞首刑となった犯人たちの遺体が何体も、十字架に吊るされたまま晒《さら》しものになるという異様な光景が連日のように続いていた。

当時の記録によると、一八〇六年から三〇年までの約二五年間に、合計約二五万枚、金額で約三五万ポンドの偽造銀行券が押収された。この期間に約六〇〇人以上の偽造犯や偽造券を行使したとされた人々が逮捕・起訴され、裁判所によって三一三人が絞

イングランド銀行５ポンド券（Derrick Byatt, *Promises to pay*）

首刑の判決を受け、さらに単に所持したという理由だけで多くの人が家族ぐるみでオーストラリアに流刑となったのである。流刑政策は、当時の英国政府による植民政策ないし貧者の棄民政策の一環であったともいわれている。

その当時、偽造犯たちがターゲットとしたのは、主にイングランド銀行が発行していた一ポンドと二ポンド券であった。当時のイングランド銀行券の用紙には、券面いっぱいに白透かしと黒透かしの模様や文字が抄き入れられていたものの、地模様のない真っ白な用紙に黒一色の印刷で、額面金額や支払文言等、それに守護女神ブリタニアの座像の小さな紋章が描かれているだけであった。しかも、当時は精巧な原版の複製技術が開発されていな

透過光で見たイングランド銀行の白黒透かし模様

かったため、偽造防止対策はきわめて貧弱なものであった。

ときにイングランド銀行の行員でさえも本物の紙幣と贋札との区別がつかないことがあったくらいで、銀行券の真偽をめぐって支払人と受取人との間でトラブルが頻発していたようである。

贋札多発の原因となった当時の銀行券

それでは詳しく技術的な面から見ていこう。

当時のイングランド銀行券は、印刷面よりも、紙幣用紙に施されている白黒透かしに偽造防止の重点が置かれていた。しかしこの透かしは、間隔が一定である波線の白透かし部分と、「£」や額面金額の黒透かし部分が、ともに単調な模様であり、階調がなかったため、偽造者たちは比較的容易に紙幣用紙を偽造することができたのである。凹版による紋章や支払文言などの文字部分も、熟練した凹版彫刻者であれば、針彫りのエッチング技法を用いて銅版彫刻し、これにビュランを使った直刻凹版技法をうまく組み合わせて補刻することで、容易に精巧な偽造券を彫刻することができた。

実は、当時米国では、主に鋼版を使用して凹版彫刻を行っていた。そして原版の鋼版を焼き入れ硬化したうえで円鋼転写機を使って原版の細部の図柄まで正確に、均一に転写する方式が採用されていた。

一方英国では、まだ、軟らかな銅版を原版や実用版に使っていたため、凹版版面への印刷時の強い印圧によって短時間でその版面は磨耗し、半日も使っていると印刷品質が劣化した。そのため、仮に本物の原版版面を使用しても、画線が劣化して、偽造券と間違われやすい印刷状態となる。結果、真偽の判定がきわめて困難な銀行券が多発したのである。

こうして、一般市民はもとより専門の関係者であってもその紙幣が本物か偽造券かをなかなか確定できず、仮に本物の紙幣でも版面の磨耗により偽造と誤認したり、あるいはうっかりして偽造券を他人に渡してしまうケースも多かったようである。

当時の偽造犯は、いくつかのグループに組織化されていた。まず紙幣用紙を専門に偽造するグループが透かし入りの紙幣用紙を作る。次に印刷のグループが、精巧に彫刻した銅版原版を使って最小限度必要とする枚数だけの贋札を偽造する。そしてこのグループが、偽造券を流通担当のグループに額面金額の半額程度の価格で卸し、卸売りのグループがさらに末端の偽造券を扱う売人グループに流していたのである。そのため、中心となる偽造犯はめったに逮捕されることはなかったし、一番貧乏クジを引いたのは、偽造券と知らずに紙幣を受け取った、あるいは行使した大衆であった。

銀行券偽造に対する厳しすぎる刑罰

当時、英国の紙幣偽造犯に対する処罰規定はきわめて厳しく、銀行券の偽造は死刑あるいはオーストラリアへの流刑であった。しかも、実際に銀行券を偽造した犯人ばかりでなく、偽造した銀行券をたまたま流通の過程で受け取り、偽造券と知らずに他人に渡した場合も同様に死刑という極刑が科されるという不合理なものであった。

一九世紀初頭においては、一般大衆の日常生活では主にコインが使われていた。一ポンドなどの銀行券は、めったに受け取る機会がない高嶺の花の高額券であった。そのために、一般大衆、とくに紙幣に縁のない主婦たちは、銀行券の特徴やその偽造防止対策についての知識をほとんど持っていなかった。そのため主婦らは、偽造券の売人グループにだまされて偽造券を受け取ってしまい、これを使って死刑となる悲惨な事例が多かったようである。

また、貧しい人々にとって一ポンドはきわめて高額であったため、もし偽造券を受け取ったあとでそれが贋札であるとわかっても、今日の生活のために、ついこれを使おうとしてしまい、逮捕・訴追されたのである。

しかも大衆にとって不幸なことに、当時、英国の法制度では、公益を代表して公正な刑事訴追を行う検察官という制度がまだ確立しておらず、偽造の被害を受けた発券銀行であるイングランド銀行みずからが訴追人となって、裁判所に犯人を訴追していた。さらに印刷品質には大きなばらつきがあるため、多くの事件で紙幣発行責任者の手書きサインの真偽が争点となった。この場合には、銀行側が有利となる事例が多かったのである。

またこの頃までは、裁判所の陪審員たちが偽造事件に対する審議をあまり真剣に行わず、なるべく短時間で結審して処分を決める仕組みになっていた。

こうしたことが積み重なり、本当にそれが偽造券であるかどうかの認定や、偽造犯または偽造行使者に犯意があったのかどうかが立証されないまま、不幸にも偽造券を受け取ってしまったり、知らずに偽造券を行使したりして逮捕された、ほとんど無実に近い人々が、極刑に処せられることとなったのである。
ロンドン郊外の処刑場の丘では、見せしめとして、連日多くの絞首刑が実施された。

画家クリックシャンクの反死刑キャンペーン

このような厳しい刑罰に対して、また、偽造されやすい粗末な品質の銀行券とわかっていながら紙幣を改善しようとしないイングランド銀行当局に対して、痛烈な批判を展開した人物が現れた。当時まだ無名の若い画家G・クリックシャンクである。彼は一般大衆の気持ちを代弁し、パロディ化したキャンペーン用の「絞首刑反対紙幣」をデザインし印刷して、一般に頒布した。

死刑反対キャンペーンのこのプロパガンダ紙幣に描かれたのは、次ページのような図柄である。ロンドン郊外の丘の上に横一列に吊り下げられた男女一一人の処刑された死体を紙幣の中心に描き、その左には赤子を食べるイングランド銀行のシンボル・ブリタニア女神像を配置。そのブリタニアの周囲には、どくろや、判決を受けて苦しむ人々、流刑される偽造犯たちを流刑地オーストラリアへ運ぶ四艘の帆船。さらにその下部の帆船の窓からは、苦渋に満ちた流刑者たちの顔が見える。そのほか、絞首刑に使用される麻縄でポンド「£」の図柄を描き、さらに、このパロディ銀行券の発行

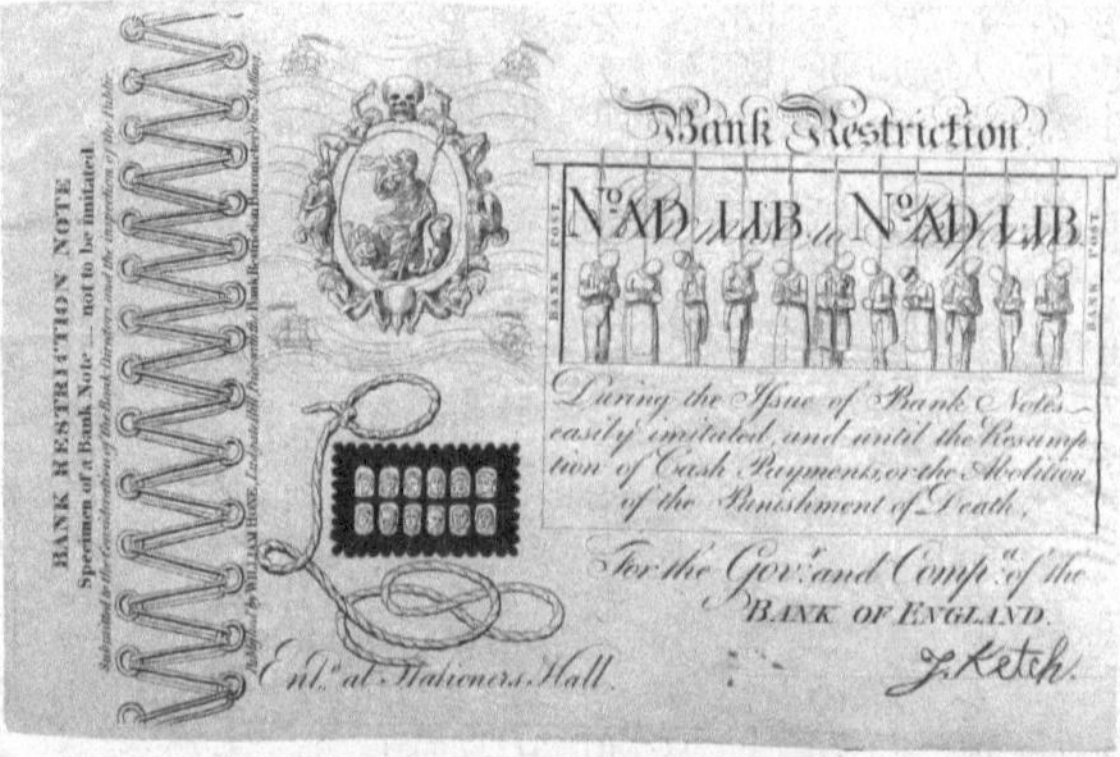

死刑反対のプロパガンダ紙幣

人の名前を死刑執行人の一般的な俗称であるJ・ケッチのサインにしている。

書かれた文字を読んでみると、まずこの紙幣のタイトルは「バンク・リストリクション(規制銀行)券」。また「死刑執行を約束する」の表示がなされ、銀行券の文言には支払文言を模して「容易にまねされる銀行券の発行される間、そして現金支払の廃止または死刑の刑罰廃止まで、死刑を実行することを約束する」旨、皮肉たっぷりに印刷されている。またこのプロパガンダ紙幣自体が偽造券であるとして批判や訴追を受けないように、「銀行券見本――偽造ではない」と券面に印刷している。

このプロパガンダ紙幣は、厳しすぎる刑罰に対する非難と、真の偽造犯がほとんど逮捕されたり処刑されたりせずに、無知無辜《むこ》の大衆が極刑に処せられる不合理を訴えるとともに、その銀行券の粗末な品質のゆえに大勢の人々が死刑や流刑になることへの非難を、イングランド銀行当局に対して表明したものであった。

このプロパガンダ紙幣は、一般大衆の共感と支持を集めたためかベストセラーとなった。記録によると、一八一八年にクリックシャンクが初めて発行したプロパガンダ紙幣の原版以外にも、何千枚もの複製品が印刷頒布され、出版元は当時七〇〇ポンドもの大金を稼いだといわれている。一八四〇年代には銀行関係の雑誌の付録として、一八一八年版のリプリント版が発行されたが、これは初版本と若干図柄が異なるといわれている。なお、ここに掲載した紙幣の図版は一八四〇年版のものである。

拒否されたイングランド銀行券の改造

実際、偽造券が頻発したイングランド銀行券の偽造防止対策やその紙幣の品質は、当時英国で発行されていた他の私立銀行券に比べても著しく粗末なものであった。何度にもわたり各方面からの提言や技術供与の申し出があったにもかかわらず、なぜかイングランド銀行はまったく耳を貸さず、銀行券を改造する態度はいっこうに見られなかった。

英国のロイヤル・ソサエティ・オブ・アート（王立芸術協会）は、米国で採用されていた鋼版彫刻法による紙幣印刷をイングランド銀行当局に対して提言した。また、当時、米国で紙幣印刷事業に従事していたパーキンス・ベーコンも英国にやってきて、焼き入れ鋼版による転写方式を提案した。しかし、なんとこの提案も拒否される。イングランド銀行はなんらのアクションもとらないという態度に終始したのであった。

世論も盛り上がっていた。本当の紙幣偽造犯がほとんど逮捕・処刑されず、知らずに偽造券を使用した多くの善意の人々が死刑や流刑になるという事態が続いたことで、イングランド銀行の姿勢を強く批判するようになったのである。

そしてついに、画期的な判決が出た。一八一七年九月から一二月まで、英国の初級裁判所であるオールド・ベイリーにおいて、一連の紙幣偽造事件が審理された。この裁判において陪審員たちは、イングランド銀行が提出した偽造券と称する証拠を採用せず、疑われた紙幣は偽造ではなく本物の紙幣であると認定して、被告に無罪の判決を行ったのである。

この判決以降、陪審員たちは証拠が本物であるかどうかを厳しく訴追者の銀行に問いはじめた。イングランド銀行側は当然、決定的な立証ができないため、贋札を所持しているだけで流刑を宣告される判決はほとんどなくなり、原則として偽造券所持は

1957年発行のイングランド銀行5ポンド券

無罪となった。紙幣の偽造犯に対しても死刑執行を命じる判決が少なくなった。

　また一八二五年、イングランド銀行側が、それまで一般大衆でも使用する可能性のある一ポンド券を使用停止とし、その後は、一般大衆にはほとんど無縁な高額の五ポンド券以上の銀行券のみを発行するようになった。このため、銀行券の偽造事件は極端に減少したほか、偽造犯自体の数や偽造犯に対しての死刑執行も激減した。

　当時の紙幣偽造の統計データによると、一八〇六年から三〇年までに、流通過程で発見された偽造券の枚数は約二五万枚、金額では三五万ポンドであった。一八二〇年の年間偽造枚数は二万九〇八三枚、金額で三万三六八二ポンドであるのに対し、一八三〇年にはわずか六一三枚、二〇一九ポンドに激減している。

深刻な贋札の横行と偽造犯の死刑執行問題は、当時のイギリスの銅版画や漫画などに多く描かれ社会問題となったが、なぜイングランド銀行側がかたくなに銀行券の図柄を変更しなかったのか、いまだに疑問が残されている。一七世紀以降続けられてきた歴史と伝統のある銀行券の様式を変更したくないという保守的な考え方が強かったのかもしれないし、貧乏人には気品あるイングランド銀行券を使わせる必要はないという、高慢な考え方であったのかもしれない。

一八五六年の段階でも、王立芸術協会に所属し、のちに有名な証券印刷業者となるヘンリー・ブラッドバリーが、わざわざ図柄入りのイングランド銀行券のサンプルをイングランド銀行に提案したが、銀行側はこれにもなんら反応を示さなかった。また、議会でも委員会が開催され、各種の提言がなされたが、イングランド銀行はなにも対策を講じなかった。

その後ようやく、一九一四年になって初めてジョージ五世の小さな肖像入りの小額政府紙幣が発行され、一九二八年になって彩紋模様をふんだんに採用した凹版単色印刷の一ポンド銀行券が発行されている。しかし驚くべきことに、白い透かし模様入りの用紙にブリタニアの紋章と支払文言などを印刷したそっけない五ポンド銀行券「ホワイト・ファイバー」は、なんと一九五五年頃まで頑固にも発行されつづけた。肖像入りの本格的な銀行券は、一九五七年になって初めて、兜をかぶった女性の図柄で発行されたのである。

米国の著名な偽造紙幣の犯人たち

大陸紙幣の裏面の葉脈

今日のようにプリンターや印刷機を使って素人が手軽に偽造紙幣を作る技術がなかったためか、一九世紀頃の米国では、きわめて限られた人物がその天才的な偽造の才能を発揮して贋札を作っていた。とくに、手書きでみごとな偽造紙幣を作りあげたり、精緻な凹版彫刻の技術を駆使して偽造紙幣を印刷する事例が見られる。

それらの「名人」たち以前には、米国では、さほど技術を要しない簡便な偽造が多かった。一七〇〇年頃英国の植民地であった米国東部の植民地諸州では、英国本国からの銀貨の流入が遅れたりして、常に銀貨が不足がちであったため、植民地独自の通貨として「コンチネンタル・カレンシー」（大陸紙幣）を発行していた。

この大陸紙幣の印刷業者は、東部各州でそれぞれの植民地政府の委託を受けて紙幣の製造を行っていたが、そのうち最も有名だったのが、雷が電気であることを発見した科学者にして、政治家で印刷業者のベンジャミン・フランクリンであった。

フランクリンの印刷会社では、表面には銅版彫刻により額面金額、支払文言、簡単な図柄を印刷したが、裏面には木の葉の葉脈を印刷するケースが多かった。乾燥した木の葉の葉脈は緻密で、細かく

葉脈を印刷した米国・大陸紙幣の裏面

複雑な線で構成されているため、葉脈の印刷は、写真製版の技法がまだ発明されていなかった当時の技術レベルでは、とても複製できない効果的な偽造防止対策のひとつであった。しかし、一般大衆は個々の紙幣の葉脈の図柄まではっきりと覚えていないため、偽造犯たちはフランクリンの製造した紙幣とよく似た葉脈を贋札に印刷した。また、たとえかなり異なった葉脈を印刷しても偽造紙幣とは気づかれないことが多く、せっかくの防止策も無駄であった。

さらに、一八世紀の大陸紙幣には発行者のサインや紙幣の番号が手書きで記入され

ていたのだが、これも偽造されることが多く、贋札防止の効果は見られなかった。植民地政府は、専属の登録サイン担当者を雇用し、サイン自体を公証人役場に登録していたが、一般大衆にはその紙幣のサインが本物か偽造かを判別することができなかった。そのため、一八六二年以降は、条例改正によりサインの代わりに印刷で行うことが普遍化し、やがて人々も印刷の印章だけで、紙幣を信頼するようになった。

ちなみに大陸紙幣は、一七八三年の米国の独立を境に、徐々に姿を消していった。

手書きの紙幣偽造犯ニンジャー

それでは一九世紀の偽造の名人たちを見ていこう。

米国の紙幣偽造史の中で最も有名な人物は、エマニュエル・ニンジャーである。彼はオランダ生まれで、一八八二年にニュージャージー州に移住し、九〇年代に活躍したプロの偽造犯であった。ニンジャーの偽造手法は、水溶性のインキとペン、らくだの毛でできた筆や水彩絵の具を使い、手書きで丁寧に忍耐強く紙幣の図柄や文字を描くというものであった。彼はもともと、印象派の画家のミニチュア版絵画や模造作品を描いて生計を立てていたが、その才能を悪用して、当時きわめて高額であった二〇、五〇、一〇〇ドル紙幣を模写偽造し、これを行使したのであった。

当時、米国の政府紙幣の表面は、一部の紙幣に政治家の大型肖像を使用していたものの、ほとんどは女神の群像や歴史的な図柄等を用いており、凹版印刷とはいえ額面金額や支払文言はすべて黒一色、地模様はなく、印章や記番号は赤色の凸版印刷であった。つまりこの点では偽造しやすかったのである。

しかし、裏面は「グリーンバック」と称され、複雑で細かい機械彫刻を用いた彩紋模様が、濃い緑色で凹版印刷されていた。文字や図柄も含め、この緻密な彩紋模様をペンを使って入念に複製するのは、相当の忍耐強さと技術の要る仕事であり、手先の器用な犯人にとっても楽な仕事ではなかったと思われる。ニンジャーはそれでもきわめて緻密な仕事をし、政府の原版彫刻者が手抜きした部分でさえも、きちんと補正していた。

もちろん紙の手触りについても彼は万全を期しており、当時も今も米国の紙幣用紙として使われているクレーン社製の証券印刷用紙に手触りの似た木綿製のボンド紙を用いた。また、独特の淡い茶色を複製するために、若干薄いコーヒーなどを使って用紙を染めたうえ、真券に混入されていた赤や青の着色繊維を、手書きで入れていたのである。

もちろん本物の紙幣の図柄や文字は凹版印刷特有の、インキの盛り上がりがあるもので、ニンジャーの手書き贋札とは、注意すれば真偽が判別できたと思われる。しかし彼が偽造した高額紙幣は、一般にあまり流布していないため人々が紙幣を見たことがないことや、暗い場所での受け渡しであること、さらに長期間の流通により凹版インキの盛り上がりが磨耗して、平らな状態となったものが多かったことから、意外と真偽の判別が難しかったのかもしれない。

偽造犯のニンジャーは、ニュージャージー州の田舎にりっぱな住居を構えて、妻や娘とともに暮らしていた。毎月数枚の贋札を描き上げると、それを都会のニューヨークに持ち込んで商品を購入したり、両替をして本物の紙幣を入手していたのである。彼はこうして、なんと一四年間にわたって累計で約四万ドルもの贋札を偽造、これを行使するという「偉業」を成し遂げたのであった。

偽造紙幣を受け取った人々の中には、あとで銀行に持ち込んで贋札であることが判明して損害をこうむったにもかかわらず、あまりにも精巧で芸術的な贋札であったため、偽造紙幣を受け取った記念としてりっぱな額に入れて店頭に飾った商店主もいたほどであった。当時の新聞報道でも、ペンとインキを用いる偽造犯「ジム・ザ・ペンマン」というあだ名がつけられ、非常に有名であった。ただ、彼自身が田舎に潜んでいたためか、当時の警察はなかなか犯人逮捕にまで至らなかった。

しかし、彼の天才的な才能も、ふとしたことがきっかけで破綻する。一八九六年、彼はついに御用となってしまう。それは、彼がいつものようにニューヨークのとあるバーに立ち寄り、一杯ひっかけ、偽の五〇ドル紙幣を渡してお釣りをもらったあとのことである。忙しいバーテンダーはその贋札をすぐには財布に入れず、水滴の残ったカウンターの上に置いてしまった。すると、水溶性のインキとペンで描いた贋札は、たちまち図柄や文字がにじんでしまった。これを発見したバーテンダーとその助手が彼のあとを追い、ニンジャーは警察に突き出されたのだった。

逮捕されたニンジャーは、六年間の懲役とわずか一ドルの罰金刑を言い渡されただけだったのだが、さらに驚くことに、実際には四年二か月服役しただけで出所してしまう。彼がその後本業の複製画家に戻ったのか、あるいは相変わらず贋札を描きつづけたのかは定かではない。

高額紙幣の本格的偽造犯ブロックウエイ

米国で有名なもう一人の偽造犯は、ニンジャーのようにケチな手書き犯人ではなく、本格的な凹版印刷を用い、「偽造者の王」と呼ばれたウイリアム・ブロックウエイである。凹版彫刻により本物そっくりの原版を作成し、凹版印刷方式を用いて千ドルの高額紙幣を偽造した彼は、一八五〇年から九〇年までの四〇年間にわたり、本格的に贋札を流通させた。あまりにも精巧なため、紙幣の印刷元であった財務省でさえも偽造紙幣と判別できず、総額で七五万ドルもの損害をこうむったという。

　彼の偽造の特徴は、米国紙幣の場合、千ドルという高額紙幣であっても、低額の一ドルや二ドルと比べ、印刷技術にはさほど差がないことに目をつけたことである。千ドルの札束を本物そっくりに偽造し、大富豪のように振る舞い、偽造紙幣を株式の購入に使ったり、証券取引などに使用して、偽造による利益を効率よく得たのであった。しかも彼は、ギャング一味と共謀して、政府紙幣だけではなく大量の政府公債や株券も偽造していた。

　偽造犯を追いかける財務省の秘密警察が犯人逮捕のために二万ドルの賞金をかけたほか、投資会社も多額の懸賞金をかけた。最終的には、執念深く捜査活動を続けた財務省の秘密警察のウッド警部が、苦労の末にブロックウエイ一味の犯行であることを突き止め、一八八〇年、彼を逮捕した。ちなみにウッド警部は職務行為で犯人を逮捕したために、せっかくの懸賞金は支払われなかったという。なお、この偽造王ブロックウエイは五年間の刑務所暮らしのあと釈放されたが、出獄後も悪の道から足を洗えず、七四歳で亡くなるまで贋札作りを続けたそうである。

贋札作りの勝利者ブレンデル

紙幣の偽造犯は一人でひそかに偽造作業を行う事例が多いが、一〇〇ドル紙幣の有名な偽造者ボールドウィン・ブレンデルは、仲間と一緒になってきわめて精巧な偽造紙幣の製造・使用を行ったことで有名である。

もともと彼は葉巻屋を経営していたが、いつの間にか偽造紙幣の製造に手を染めるようになった。彼は仲間の彫刻師アーサー・テイラーと組んで、精巧な贋一〇〇ドル紙幣を偽造したが、あまりにも精巧な凹版彫刻と凹版印刷の技法が使われたため、財務省に還流したあとに偽造紙幣が真券として再発行されたほどであった。銀行での窓口取引でも見逃されるような高級な品質であったため、彼の偽造紙幣総額は合計で一〇〇〇万ドルにものぼったという。

しかし、ひとつだけ難点があった。彼の贋札はもちろん凹版印刷であり、印刷自体はきわめて精巧であったが、薄い用紙に片面だけを印刷し、その表裏の図柄を貼り合わせて偽造紙幣を完成させるという技法であったため、どうしても本物より厚手の紙幣となった。このために偽造であると判明してしまったのである。

しかし偽造とわかっても犯人が見つからない。あまりにも大量の偽造紙幣の流通に、財務省の秘密警察シークレット・サービス（USSS）は、米国全土のすべての凹版彫刻者をしらみつぶしに捜査の対象とした。この状況下で、その品質を過信していたテイラーが、不覚にも彼の妻と母親に偽造紙幣を使わせてしまったため、犯行が発覚したのである。

ブレンデルもテイラーとともに逮捕され、独房に収容された。しかし不思議なことに、二人の逮捕後も新たに同タイプの偽造紙幣が発行されたのである。不審に思った秘密警察が刑務所内を捜索したところ、なんと贋札の原版や用紙、インキ、小型の印刷機などが、犯人の家族によって面会のたびに独房に持ち込まれていることが判明した。刑務所の独房を贋札製造工場として、二人は毛布の下に機械や材料を隠しつつ連携作業で偽造紙幣を作り続けたのである。刷り上がった贋札は、面会のたびに家族の手で刑務所外に持ち出され、行使されたのであった。

結局この二人は偽造犯として七年間服役したのち釈放され、その後はまじめな人間に戻った。ブレンデル、テイラー、そしてその家族等は更生し、その優れた製版・印刷技術を生かし、なんと凹版印刷とオフセット印刷を営業種目とする「ブレンデル印刷会社」というりっぱな印刷工場を経営するまでになったのだった。

有名な現代の模造紙幣アーティスト

一九世紀はかくのごとく、職業的偽造者が活躍したが、今日では偽造紙幣を製造・行使してもとても採算に合わないためか、古典的なプロの紙幣偽造者はほとんど見られなくなっている。

かわりに、本物の紙幣の図柄そっくりに絵筆を使って描き上げ、これを偽造紙幣ではなく「美術品」としての「模造紙幣」と称して世に問う作家が登場している。世界的に有名な模造紙幣作家ボッグスである。世界各地の展覧会で大勢の人々に鑑賞されている彼の作品は、もちろん紙幣そっくりに複製するのではなく、一見すると本物のようだがわざと一部の図柄を変えたり、図柄や文字に一種のパロディを込めて改造したりしている。模造紙幣を描くに際しては、丁寧に輪郭線を描き、色付けをして仕上げているのであるが、たとえば米国の一ドル札の場合は、「ONE」を「FUN（冗談）」に、「IN GOD WE TRUST」を「IN US WE TRUST」に、「TEN DOLLARS」を「TIN（錫《すず》）DOLLARS」に置き換えるという具合である。

紙幣の図柄に紛らわしい模造品を描き、希望者に販売した場合、その人物がうっかりして模造紙幣を使ってしまうと、ボッグス自身も偽造犯として逮捕起訴されたり、紙幣模造取締りの規制に抵触するおそれがある。そのため、ボッグスは決してその作品を販売せずに、いちおう建て前上は、もっぱら展覧会等で一般大衆にその芸術的な作品を鑑賞してもらうこととしているそうである。

ボッグスは現代によみがえったニンジャーであるのかもしれない。いずれにしても、昔の偽造犯たちは、一種の芸術家といえる優れた技法を駆使して贋札を作りあげたのであり、今日のようにパソコンを使って安易に偽造するのとは異なり、どこか愛すべき魅力のある職人の一種ともいえよう。

近年の米ドルを巡る著名な贋札事件

贋ドル紙幣「スーパー・ノート」の秘密

一九九三年から九六年にかけて、きわめて精巧な米ドルの偽造紙幣が世界中で発見され、「スーパー・ノート」という愛称（？）で呼ばれた。日本では一般に「スーパーK」といわれたが、これは偽造の本拠地が北朝鮮であると推定されたため「K」の文字をあてたという。米国の資料によると、一九九二会計年度で約三〇〇〇万ドル、九三年度で一億二〇〇〇万ドル、九四年度で約二億ドルと急激に増加した。

当初のスーパー・ノートは、本物と同じ凹版印刷であった。しかも凹版インキには磁性特性があり、その凹版の彩紋模様、紙幣の記番号や紙幣用紙も本物そっくりである。中には本物より印刷状態のよいものがあり、一般市民はもとより、ほとんどの市中銀行でも真偽の判定が困難なほどで、大きな銀行の本店や米国連邦準備銀行などに持ち込まれて初めて偽造紙幣と判定されていた。日本にも、外国、とくに北朝鮮経由で持ち込まれ、市中銀行ではそのまま通過し、連邦準備銀行の在日代理店の特殊な高速鑑別装置で処理して初めて贋札と判定されることが多かったのである。

当初、標的となった米ドル紙幣は、一九八八年シリーズであった。このシリーズ券には実は本格的な偽造防止対策がなかった。凹版マイクロ文字や安全線も採用されておらず、偽造防止対策といえば、凹版印刷による肖像や彩紋模様、特殊な紙幣用紙程度であった。

偽造紙幣多発に対抗して、一九九〇年には部分改造により偽造防止対策が強化され、凹版マイクロ文字、「USA100」の文字入りのスレッド（安全線）が紙幣用紙に挿入された。しかし、この暫定改造紙幣はさっそく精巧に偽造された。やや紙質が異なるものの、用紙も蛍光増白剤を使わないため本物とほとんど見分けがつかず、また新規導入のマイクロ文字入りの安全線や凹版マイクロ文字もきっちりと入っていた。

もちろん仔細に眺めると、記番号がふぞろいに印刷されているほか、表裏の唐草模

1990年シリーズの100ドル紙幣真券（上）、偽造のスーパー・ノート（下）は左下の記番号が歪んでいるほか、紙質が真券と異なり凹版印刷の一部が異なっている

様や凹版彩紋のうちのごく一部が本物と異なっていた。連邦準備銀行の特殊なセンサーを備えた高速鑑別装置で偽造の判定を受けたのは、ドル紙幣に含まれている極秘の特殊な物質が検知されないためという、一点だけだった。このように専門的な鑑別装置で初めて発見されるような優れた偽造紙幣であることから、米国では「スーパー・ノート」の呼称がつけられたのである。

米国議会におけるドル紙幣偽造に関する論議

精巧な米国のドル紙幣「スーパー・ノート」が大きな話題となった一九九六年には、米国議会下院の「銀行・財政委員会の通貨偽造に関する小委員会」で、外国におけるドル紙幣偽造の脅威について公聴会が開かれ、本格的な議論が展開された。この公聴会では、財務省証券印刷局、合衆国シークレット・サービス（USSS）、会計検査院、中東問題の専門家、戦略研究所など、多くの関係者がその見識を披露し、その内容は議会議事録で一般に公開された。

当時の議論では、スーパー・ノートの偽造がどこで行われているかについて活発な論議が交わされているが、その根拠地は、日本でいわれているように北朝鮮ではなく、イランであるというのが当時の米国の専門家による見解であった。まだイランがパーレビ国王によって統治されていた時代に、西ドイツ製でスイスのジオリ社が販売した大型の紙幣専用印刷機が、レバノンのベッカー高原を経由してテヘランに搬入された。そして旧東ドイツの国立印刷局の紙幣印刷技師が一九八〇年に革命後のイラン・イスラム共和国に派遣され、その指導のもとに国家ぐるみでドル紙幣を偽造したという一部の証言もなされていた。当時イランは北朝鮮から総額二五億ドルのミサイルを買い付けており、その代金支払いに偽造した精巧なドル紙幣をあてたという。

北朝鮮は本物のドル紙幣を受け取ったと思っていたのだが、それが偽造紙幣とわかり、その後の代金支払いは現金を避けるようになったといわれている。北朝鮮では受け取った精巧な偽造ドル紙幣を、各種の資材調達代金として外国に支払いし、それが米国内に還流して贋ドル「スーパー・ノート」の存在が明らかになったとされている。したがって、スーパー・ノートは北朝鮮製ではなく、いわば北朝鮮は被害者であるという見方をする向きもあったのである。

もちろん米国の政府機関である戦略研究所長は、イランが贋ドルを偽造しているという確証はないと証言している。しかし、どこかで偽造された贋札がジハード、ハマス、アルカイダなどテロリスト・グループの手に渡って、その資金源となっている可能性を指摘していた。

また当時のルーバー財務省証券印刷局長は、米国で使われている大型のジオリ社製・紙幣凹版印刷機が一九七〇年から八〇年代に北朝鮮、中国、イランなどに輸出されたことは事実であるが、偽造にはこのような大型機を使う必要はなく、時間がかかるが小型の凹版印刷機を使用している可能性が高いと証言している。すなわち、米ドル紙幣にはカラフルな地模様がなく、凹版単色印刷であるため、最近の写真製版技術を使って入念にドル紙幣の図柄を凹版版面に複製し、小型のスパイダー型の手刷り印刷機で時間をかけて丁寧に偽造している可能性のほうが高いという。

はたして、この精巧な凹版印刷のスーパー・ノートはどこで秘密裏に製造されていたのか。現在でも依然、不明であるが、当時はイラン、北朝鮮説のほか、ロシア、ナイジェリア、コロンビアなどのマフィア説がとりざたされていた。

本来、米国政府にとっては、発行されたドル紙幣が円滑に外国で使用されることは、ドル紙幣の発行差益が得られることであり、またドル紙幣の発行自体は利子の付かない国債を発行するのと同じ性格を持っているため、経済的に好ましいことだ。しかし、偽造されたドル紙幣が米国に還流してくるとなると事情は異なり、国益を損なうことになるため、重い腰をあげて偽造抵抗力のあるドル紙幣に改造する必要を痛感したのである。

いずれにせよ、このドル偽造に関する公聴会が契機となって、一九九六年シリーズのドル紙幣への改造が決断されることになったのである。

ウルトラ・スーパー・ノートの出現

米国政府は紙幣改造計画を進め、従来の肖像や裏面の図柄を踏襲しながら、さらに進んだレベルのドル紙幣を一九九六年シリーズとしてスタートさせた。この一九九六年シリーズ券では、従来から使用してきた凹版マイクロ文字印刷、マイクロ文字入りの安全線挿入を踏襲しながら、新たに肖像を大型化して彫刻画線を緻密にしたほか、インキの色が緑から黒に変化する光学的変化インキを採用し、紫外線に発光する安全線に改良し、肖像の透かしを採用した。そのほか公表されてはいないが、機械で検知できる特殊な技法を、従来のものに加えて追加採用したのである。

ところがこの新ドル紙幣の贋札が、一九九九年以降発見されはじめてしまう。人々はこれを「ウルトラ・スーパー・ノート」と呼んだ。この新型の偽造紙幣は、用紙は本物とほとんど同じであり、マイクロ文字入り・紫外線発光の安全線はそっくりに偽造され、光学的変化インキや凹版彫刻画線も、本物と区別ができないきわめて精巧なものとなっている。そのため、連邦準備銀行の監査機では真偽判別ができるものの、

3D セキュリティ・リボン入りの現行 100 ドル紙幣

市中の監査機では識別できないので、贋札が再度市中に出回る危険性が大きかった。

世界の各地で広く使用されている国際的な基軸通貨であるアメリカドルの各券種は、歴史的にみると世界各国の銀行券に比べて、あまり新しい偽造防止対策が講じられてなかった。一九九〇年代のアメリカのドル券は、一九二九年代以降ほとんどその仕様が変更されず、用紙には透かしがなく、印刷面では他国のように複製しにくいカラフルで精緻な地模様もなく、凹版単色印刷が主要な偽造防止対策であった。その後偽造券の増加に対応して、一九九九年から二〇〇一年にかけて各券種を凹版単色印刷のままではあるが、その肖像を彫り直して約三倍以上に大型化し、部分的に凹版マイクロ文字を採用したほか、表面右下隅に光学的変化インキ（OVI）を用いて額面金額の数字を印刷、また紫外線発光のスレッド安全線も用いたが、カラフルな地模様印刷もなく、当時は世界各国の銀行券に比べて偽造防止対策が不十分で、依然として偽造券が多く発生した。

そのため、二〇〇四年から二〇〇六年にかけて発行された新シリーズ券では、それまでとは異なり地模様印刷を行ったほか、ＯＶＩでの図柄の印刷や、非公開の偽造防止対策を多く採用した。特に偽造の多い新一〇〇ドル紙幣には、当時アメリカの紙幣用の製紙会社であったクレーン社が開発した新型のスレッドで、眺める角度を変えると図柄が激しく変化する３Ｄセキュリティ・リボン（現在のモーション・スレッド）を、紙幣の表面に窓開き状態で貼付すると共に、両面にはカラフルで微細な地模様や、眺める角度でインキの色が変化するＯＶＩを用いた図柄、複写防止用のユーリオンの印刷、機械検知用の紫外線や赤外線に反応するインキでの印刷など多くの偽造防止技術を採用した現行の一〇〇ドル券を発行することとなった。しかしながら、せっかく導入する最新式の３Ｄリボンスレッドが、当初の段階では、紙幣の用紙面にかなり盛り上がっていたため、印刷の際に券面に印刷インキがうまく着かずに、券面の一部に皺が寄るなどのトラブル現象が発生、新券印刷開始段階で、作業中止となってしまった。その後証券印刷局とクレーン社との間でスレッドの厚みを減らすなどの改善が行われ、当初の予定からかなり遅れ、券面に二〇〇九年シリーズ表示のある現行の新一〇〇ドル券は二〇一三年にやっとお目見えしたのであった。

一ドルおよび二ドル紙幣を除き、他の券種も肖像の大型化、地模様の採用などがなされ現行シリーズが完成、そのほか非公開の各種偽造防止対策が追加採用されたため、従来に比べてドル紙幣の偽造が減少したと言われている。

米国の紙幣のサイズは全券種共通の大きさであり、またその肖像や歴史的な建造物の図柄は変更できないため、一度に斬新な偽造防止対策を追加することにはおのずから限界があると思われるが、米国政府の方針では、今後も短い周期で逐次必要に応じて紙幣の部分改造を続け、偽造との戦いに勝利するよう努めるとしている。

スーパーKの製造元はどこか?

さて、この謎に包まれたスーパー・ノートあるいはスーパーKの偽造紙幣の製造元を、北朝鮮であると推定した経緯とはいかなるものだったのだろう。報道によると、北朝鮮からの亡命者の情報では、ピョンヤン市内にある警戒の厳重なある建物内で、偽ドルや偽造韓国ウォン券、偽造旅券等を製造しているという。偽ドルは北朝鮮の外交官の手を通して海外に持ち出し、本物のドル券や現地通貨と交換して、マネーロンダリング（通貨洗浄）しているらしい。

また、ピョンヤン市内のある印刷工場では、最新の紙幣印刷機を使って本物の北朝鮮紙幣や商標ラベル等を製造しているほか、偽造ドル券や偽造旅券も製造しており、警戒も厳重であるとの亡命者の証言も報道されている。そのほか、複数の技術者やデザイナーがラベル等の偽造を行う組織の存在に関する情報もある。しかしこの亡命者の証言が正しいのかどうか、証明する手段はなく、真偽のほどは定かでない。

独立国家である以上、北朝鮮が自国の紙幣を製造するための製版設備や紙幣印刷機を設置するのは当然である。一九七六年頃にスイスのジオリ社から凹版輪転印刷機など一ラインを購入しているほか、紙幣製造に必要な用紙製造設備や製版設備等も完備していると見られる。

北朝鮮においては、銀行券の製造を担当する印刷局の名称やその所在地、従事職員数などは全く情報公開されていないため推測ではあるが、北朝鮮の銀行券は朝鮮中央銀行の所管とみられる「九二六工場」の名称があるピョンヤン市内の証券印刷所で行われており、紙幣印刷用の凹版やオフセット機械はドイツ製であり、凹版彫刻や製版技術も完備していると思われる。現状では低額券を含めて9券種の銀行券の表面を凹版二～三色ザンメル印刷で印刷し、また高額券にはインキの色が変わる雲母を加工した独自の光学的変化インキや紫外線発光インキを用い、国花マグノリア（モクレン）

の模様の白黒透かし、マイクロ文字入りの安全線スレッドを用いている。

しかしながら、世界各国で採用されているホログラム箔など最新の技術は使用しておらず、一昔前からの優れた凹版彫刻技術を駆使して銀行券を印刷している。全券種同一寸法ではあるが、金日成《キムイルソン》初代主席の肖像や、その生家を描いた五千ウォン券、労働者や軍人たち、国花などを描いたそれ以下の各券種も、経済的に困難な情勢下ではあるが、しっかりした凹版印刷技術を用いて、比較的優れた銀行券を製造している。また最近では厳しい国際的な経済制裁も受けているが、通貨に関しては制約がないためか、加刷方式による記念銀行券を頻繁に発行している。

このように凹版彫刻技術や印刷技術自体は優れてはいるが、その技術は約二〇年前のやや陳腐化した技術であり、最新の機械検知が可能な特殊インキなどは採用していない。このような紙幣製造技術の現状では、「スーパーK」と言われた凹版が中心の一九九〇年シリーズのドル紙幣は偽造できるかもしれないが、一九九六年シリーズ以降に改造され、優れた偽造抵抗力を持った米ドル券を偽造できるかどうか、疑問が残る。

その後二〇〇三年八月に北京で開催された北朝鮮の核開発疑惑等をめぐる米中日韓露北朝鮮の六か国協議の場において、アメリカ側から北朝鮮による偽造米ドル事件に関しての疑惑が提起されたようである。しかし、その後この精巧な偽造券は、アメリカのCIAによる工作事件であるという有力な説も出され、その解明は途絶えている。最近では、もはや「スーパーK」と言われた精巧な米ドル偽造券の製造が北朝鮮によるものとする見解は、全く見られないのが現状である。

一方、一九九六年六月には、タイのパタヤ市内の闇ドル両替商において、偽ドルを使ったとして逮捕されたある日本人被告が、タイ法廷での裁判の結果無罪となった事件があった。この事件では、米国財務省のシークレット・サービスの捜査官が偽ドルとされた紙幣をひそかに鑑定しており、結局それが本物であると判定されて無罪放免となっているのだが、はたして北朝鮮製の偽ドルであったかどうかは、依然としてはっきりしていない。財務省の捜査官は、スーパー・ノートを作る工場が北朝鮮に存在するという確たる証拠がないと証言しているようであり、もし疑わしい状況があれば米国の捜査当局がもっと積極的な捜査活動を行うとも予想される。いずれにしてもいっさいは闇の中であり、簡単に憶測を重ねることは控えなければならないであろう。

ところが最近になって、事態はまた変化している。依然として米国側は北朝鮮による偽ドル製造事件の可能性を示唆しているとも受け取られることから、いよいよ国際的な場での事態解明の可能性が高まっているといえよう。

黒く塗った偽ドル紙幣の詐欺

厳密な意味では偽造紙幣とはいえないかもしれないが、本物のドル紙幣を黒い染料で染めて見せ金にし、偽のドル紙幣を巧みに本物のドル紙幣と信用させて手渡し、多額の現金をだまし取る事件が世界的に流行していた。この手口は世界的に共通であり、みずからをナイジェリアやリベリアなどの内戦状態が続く国から亡命している前将軍とか前大臣などの高官だと名のり、巧妙な手口で偽のドル紙幣をつかませる事件である。

彼らは本物のドル紙幣を囮《おとり》として何枚か準備する。その紙幣の表裏に黒い色のロイコ染料という特殊なインキ染料を塗っておき、これをアセトン系の溶剤で溶かして本物のドル紙幣になることを示してみせるのだ。

ロイコ染料は、インキの被覆力が弱いためアセトンの溶液で簡単に取れる。教科書などの一部分を赤や緑色のマーカーで塗り、その上からフィルターを当てて暗記用に使う、あのペンに同じロイコ染料が使われている。暗記が終わると、白色のペンで赤や緑色にマーキングした部分をこすって元通りに復元させることができる。

詐欺に使われる黒いインキも実はこれと同じ原理であり、赤や緑色の染料を黒色に変えて、下地のドル紙幣の図柄が透けて見えないように工夫しただけのものである。

詐欺の手口は、恰幅のよい犯人グループが、まず非常に有利な商談で相手に接近し、黒く塗ったドル紙幣を何枚か実際に溶剤で洗って、中身のドル紙幣を確認させて安心させる。相手がこの手品に感心すると、単なる黒い用紙にすぎない厚い紙の束を一億円相当のドル紙幣であると思わせ、この黒インキを溶かし、洗浄するための溶剤を購入する資金が必要であると持ちかける。その際、相手が信用するように、黒い偽の札束は相手方に預け、溶剤を購入するための資金を受け取る。たいていの場合、この溶剤はセキュリティ上の理由から某大国の大使館が管理しているので、現金を支払って溶剤を購入すると相手をだまし、大使館のスタッフと称する人物と同道して自分だけ大使館の中に入る。溶剤らしいものを持って出てくると、相手の事務所に戻り、溶剤を冷蔵庫で数時間冷却する必要があると称して時間を稼ぎ、その間にドロンする。

相手方が現れないため不思議に思い、預かった黒い札束に溶剤をかけてみるが、黒インキはなんら変化せず、それが単なる黒い紙切れとわかり、詐欺にあったと気づくのが通例である。その結果、溶剤代として五〇万円から二〇〇〇万円程度の金額をだまし取られる結果となる。中には、詐欺犯の巧妙な手品に気づかず、心からこの黒いドル紙幣を信用し、なんとか黒いインキを取り除く薬品がないかと探す人も跡を絶たない。

この黒いドル紙幣の偽造（?）事件は、外国ではもとより、日本でも一九九八（平成一〇）年から二〇〇三年にかけて何件か発生しており、その犯人も逮捕されているが、あとからあとから同じような巧妙な手口を使う詐欺団が横行している。

黒く塗られたドル紙幣など、素性の明らかでない正規でない資金は、各国の通貨当局や警察で厳しく規制されており、アングラ・マネーや革命資金など怪しげな紙幣の入り込む余地は少ないのである。不正資金の源泉やその流通ルートを隠すために、マネー・ロンダリングが犯罪集団によって行われているが、この「黒いドル紙幣」はまさに「通貨洗浄」ができない偽紙幣の典型的な事例であるといえよう。

偽造米ドル紙幣の監視役、シークレット・サービス

偽造紙幣の番人

現在、世界の偽造紙幣の大半は、米ドルの偽造であるといわれている。それはなんといっても米ドルに実力があり、基軸通貨として世界中で使われているため、偽造団

としても偽造紙幣の利用価値が大きいこと、また他の国の紙幣に比べると、印刷品質面や偽造防止対策面から、比較的偽造しやすいことがあげられている。この世界通貨ともいえる米ドルを偽造から守る役割をになっているのが、米国財務省に所属する「合衆国シークレット・サービス（以下、ＵＳＳＳ）」という機関である。

ＵＳＳＳは、現在でこそ大統領や副大統領など政府の高官の身辺警護を担当するボディガードとして知られているが、機関設立の本来の理由は、偽造紙幣を撲滅することである。当時の財務長官マッカロッチにより一八六五年に創設され、初代ウイリアム・ウッズ局長のもと、約二〇人のスタッフで発足した。

当時は米国全土に約一万六〇〇〇もの州法銀行があり、それぞれ独自の図柄の銀行券を発行していたため、一般市民にとってはどれが本当の紙幣かわからず、流通中の紙幣の三分の一から半分が偽造紙幣であったといわれているほど贋札が横行していた。また、当時の州警察では州境を越えて他州で捜査ができなかったため捜査が難航しており、州の境界を越えて捜査できる警察組織の創設が要請されてもいた。そして発足から一八年後の一八八三年、議会により、財務省の一機関として承認されたのである。

その後、一九〇一年、マッキンレー大統領の暗殺事件をきっかけに、ＵＳＳＳが正式に大統領などの身辺警護を担当するようになる。ＵＳＳＳの捜査官は優秀で、〇八年にはその要員が司法省の連邦捜査局（FBI）にスカウトされているほどである。やがて二二年には大統領府ホワイトハウスの警護から、大統領や副大統領のみならずその立候補者、さらに引退した大統領やその家族、外交使節団の警護も任務とされ、九〇年には、司法省と共同で各種の犯罪捜査に関与できるように権限が拡大された。さらに通貨の偽造は米国外で行われることが多いため、その捜査の範囲を国外にまで伸ばし、ほかに、マネーロンダリング、不正電子送金の監視、コンピューターへの不正アクセスなども業務の範囲に入るようになったのである。

また、USSSの事務所も拡大され、現在では米国の各州を通じて一一九か所の支局を持つ。さらに紙幣偽造に関連があると見られるバンコク（タイ）、ボゴタ（コロンビア）、香港、マニラ、モスクワ、ニコシア（キプロス）、ローマなど、外国の都市一五か所にも支局を持ち、ローカルスタッフを使って偽造紙幣摘発の捜査を展開している。USSSは直接外国での捜査権がないため、偽造犯を逮捕するときは、地元の捜査機関の応援を得て活動を行っているほか、世界中にエージェントを配置して情報を収集している。

最近におけるUSSSの活動状況は、あまり報道されていないが、二〇〇二年当時には、コロンビア国家警察と協力して首都ボゴタの家屋で、四一〇〇万ドル（約四四億円相当）の偽ドル紙幣を押収する作戦に成功している。これで過去三年間を合計すると約九〇〇〇万ドルを押収したことになる。ちなみにこのコロンビア製の偽造紙幣は、証券用紙に凹版と凸版で印刷したもので、本物らしく見せるために紙幣用紙にはやや色付けがなされていた。

コロンビアのドル紙幣偽造団は、カムフラージュした、人がやっと通れるほどの小さな出入り口しかない山中の穴倉の中に、簡単な製版や印刷設備を備えた偽造紙幣製造所を設け、限られたわずかな人員で、比較的精巧な偽ドルを製造していた。彼らは、ドル紙幣が一度に三枚印刷できる簡便で古いタイプの凹版印刷機、凸版印刷機、銅版の版面、製版設備を持ち、入念にドル紙幣を仕上げていたのである。偽造団にとっては、確かに高価な最新鋭の印刷機や製版設備は不要であり、コロンビアの紙幣偽造団も、ほとんど手作業に近い方法で、大量の偽造紙幣を製造していた。

コロンビアでは、自国通貨よりも経済的に安定している米ドルが日常生活で多く使われており、その結果、ドル紙幣の偽造も極端に増加している。しかし、市民がドル紙幣の特徴をあまりよく知らないため、贋札が流通しやすい。そのため、先に述べたボゴタの支局とエージェントの地道な活動により、偽造の摘発を行っているのである。

二〇〇二年の紙幣摘発に続いて、翌〇三年一月には約一〇万ドルにのぼる偽一ドルコインの偽造が摘発され、さらに一〇〇万ドル分の貨幣の素材と刻印が押収されたということである。これらの偽造通貨は、コロンビアだけでなく、中南米のドル経済圏に送られる予定だったという。

また偽造団にとっては紙幣用紙の入手が困難なことから、最近では、イラクの二五ディナール紙幣やエクアドルの紙幣など、価値の低い紙幣の表面インキをきれいに洗い流し、漂白したうえで、その表面にドル紙幣の図柄を印刷するケースが多くなっている。この事例では、紫外線を当てると米ドル紙幣にはないはずの特殊な着色繊維が見えたり、下地の透かし模様が現れたりするので、簡単な機器で容易に真偽の判別ができる。

なお、二〇一四年の報道情報によると、ニューヨークのUSSSは過去一五年にわたって現行の一〇〇ドル紙幣を精巧に偽造し、イスラエルから米国内に持ち込んだとみられる一味を摘発し、被害総額は少なくとも七七〇〇万ドル（約七九億円相当）に達すると発表している。贋札の大半はイスラエルで印刷されていた模様であるが、アメリカ東部ニュージャージー州に拠点を設けており、家宅捜索の結果、容疑者一三名を逮捕したと報じられている。

また二〇一六年一一月には、USSSは南米ペルーの警察の協力のもとに、リマでサンセット作戦を実行し、偽造工房を一斉摘発して、米ドル三〇〇〇万ドル、ユーロ紙幣を五万ユーロ押収し、四八人を逮捕したほか、六つの偽札工場、八台の印刷機を押収、一六〇〇もの版面類を発見して押収したと報じている。最近、USSSの活動があまり報じられないのは、贋札造りがより巧妙になっているからかもしれない。

米ドルの海外での偽造推計金額と偽造拠点

最近ではアメリカでのキャッシュレスの進行に伴い、ドル紙幣は国内よりも国外で使用されるケースが増加しているため、実情が把握しにくいこと、あるいは偽造券の実態を公表することが国益に反するという考え方もあると思われ、アメリカ財務省やその所管下のシークレット・サービス（USSS）では、ドル紙幣の偽造枚数、金額をあまり公表しておらず、ドル紙幣贋札の実態がよく分からないのが実情である。

最近のアメリカ財務省が公式に発表した資料は二〇〇六年一〇月二五日であり、それによると二〇〇五年一二月に発行され、流通しているアメリカドル紙幣七六〇〇億ドルのうち、国外で流通しているのは四五〇〇億ドルで、約六〇％を占めていること、また国際的にも基軸通貨であるドル紙幣は、明らかに国際偽造団の標的となっているものの、USSSの発表によると偽造紙幣の割合は、紙幣一万枚に付き一枚程度であり、しかも偽造団のアジトにおいて大量の贋札を押収しているために、実際に国内、国外の市場で流通していると推定される贋札は、これよりも少ないと説明している。

また二〇一四年五月の情報では、二〇一三年から二〇一四年度において、USSSはアメリカ国内で八八七〇万ドルの偽造券を押収し、その約六〇%がインクジェットか、レーザープリンターによるものであったとしている。また一方、アメリカ国外においてUSSSは年度間に六八二〇万ドルを押収しており、その大部分はプロの偽造団によるオフセット印刷であったと報告している。

米ドルの二〇一八年一二月現在の流通高は一兆六七一九億ドル、枚数では四三四億枚であるため、仮に枚数ベースで一万分の一の贋札の押収とすれば、贋札は四三万四千枚となり、贋札が一〇〇ドル券に集中していると推定されるため、金額面は別としても、枚数でもかなりの贋札の量となる。

一方、偽造紙幣のデータを公開しているユーロ券発行の欧州中央銀行（ECB）の発表では、流通枚数二二一億枚に対して贋札は約六九万枚、イングランド銀行の発表ではイギリスの銀行券は流通枚数が三八億枚で、それに対する贋札は四六万枚であることから、アメリカの贋札の枚数はさほど多いとは言えないと思われる。各国では、偽造券のデータを公表しているのに反して、アメリカではなぜか細かいデータの公表が行われていないが、その理由は、ドル紙幣に対する国際的な信頼に傷がつくことを懸念しているからかもしれない。

国外でドル紙幣が愛好される理由はいくつかある。たとえばインフレなどにより自国の通貨が弱くなり、対ドル為替レートが下がるような途上国や債務超過国では、資産家は自国の通貨をドル紙幣に変えて持っていると、キャピタル・ロスによる資産価値の目減りを防げるうえ、反対に資産価値を増やすキャピタル・ゲインをもたらしてくれることになり、資産の安全性が保持できることになる。また、ドルは決済手段として安定しているために、国際取引において安心して使用できるほか、海外旅行などでも、他国の通貨と容易に交換できる。さらに、海外移住者の送金でも有利である。もちろん、麻薬取引の決裁や不正資金の隠匿《いんとく》というマイナス面での問題点も抱えることになるが。

一方、ドル紙幣の発行元である米国政府にとっても、国外でドル紙幣が多く使用されるのは大変好都合であり、大きな富をもたらしてくれる。前述のように、紙幣は利子を支払う必要のない国債のようなものである。輪転機を回して紙幣を印刷する製造コスト、紙幣の搬送や米国に還流してきたドル紙幣を監査するというコストはかかるものの、国外での使用額が大きいため、紙幣の発行差益は莫大になる。二〇〇〇会計年度にはその額が約三二七億ドル（約四兆円相当）に達しており、米国政府にとって大変魅力的な国際ビジネスになっているのである。

これだけ広範囲にドル紙幣が流通していると、当然のことながら多くの国においてマフィアなど専門的な紙幣偽造団が贋札作りにチャレンジすることとなる。また、一部の国では人々がドル紙幣の特徴をよく知らないため、知らずに贋札を受け取り、さらにこれを他人に渡すという現象が生じている可能性が高い。ただ、偽造紙幣が国外だけで流通している間は米国にとってなんらの損害もない。しかし、精巧な贋札が米国内に還流してくると、大きな損害が生じることとなる。

国外から米国本土に還流してきた紙幣は、ニューヨーク連邦準備銀行の高性能の自動監査機で贋札かどうかを鑑別し、損傷券は廃棄する。再度使用できる紙幣は再び包み直して発行することになる。大量のドル紙幣はいちいち人間の目で監査できないので、大型の自動監査機で鑑別している。ドル紙幣には、一般に公開されていない機械検知用の特殊な秘密の仕掛けが埋め込まれており、ウルトラ・スーパー・ノートのような精巧な贋札でも一瞬で容易に鑑別することができる。もちろん、偽造団側の技術革新も予想されるため、短い周期でドル紙幣の改造を行い、新しい秘密の偽造防止対策を追加導入している。

主要各国の紙幣複製に対する厳しい規制

世界各国の財務省や中央銀行では、政府紙幣や銀行券に対する複製に関して、それぞれ独自の規制を行っている。

紙幣の複製は、新聞やテレビなどの純然たる報道用の図版、図鑑やカタログに使用する図版、学術書や研究書等の図版、一般販売用の図書の図版、さらにチラシ、ポスター、バッグ、Tシャツ等の図柄など営業用に使用するもの等々、さまざまである。また複製方法としては、白黒やカラー印刷物媒体への複製、CD-ROMやDVD、フロッピーディスク、電子メール、インターネットのホームページなどの電子媒体での複製、ビデオや映画などの映像での複製もある。

このようにさまざまな複製に対応するために、銀行券の発行元である中央銀行では、原則として複製についての事前申請の制度を採用している事例が多い。しかし、きわめて多くの複製の申請が予想されるため、多くの国ではあらかじめその規制基準を公開しておき、これに該当する場合には事前申請を省略することができる便法を講じている。

米国での紙幣複製に関する規則

世界の基軸通貨米国のドル紙幣については、従来は、たとえ白黒印刷でも厳しい規制があったが、一九九六年五月の米国財務省の規制改正により、この規制が緩和され、カラーによる複製についても、一定の条件付きで認められるようになっている。ただし、カラー図版で複製する場合には、当然のことながら刑法上の規定から原寸大では許可されず、原寸より縮小または拡大することが求められている。縮小の場合は縦横の長さともに四分の三（すなわち面積では約二分の一）以下、拡大の場合は縦横の長さが一・五倍（面積では約二・二五倍）以上であることが定められている。この理由は、原寸大に近い複製品が本物の紙幣と間違われることを防ぐためであり、このくらい大きさが異なると間違いや偽造の恐れがないことになる。さらに表裏両面での複製は認められず、片面だけが許可されている。

そのほか、紙幣の複製印刷用に使用したあらゆる版面、ポジやネガ、電子情報用のCDやDVD、テープ、ファイル、その他の電子媒体は、複製業務が終了しだいすべて消去し、廃棄することが定められている。

また一九九四年には、通貨偽造の犯罪が米国外で多く発生していることに鑑み、米国は、国外での犯罪についても国外居住の外国人を訴追できるという刑法上の規定を新設している。

　このような新しい規制が採用された背景には、「レーガン対タイム誌事件」（商業宣伝用に紙幣の図版を複製することを禁止した規制は憲法の保障する言論の自由を侵害するとして争った事件）がある。この事件で合衆国最高裁判所が一九八四年三月に示した判決にしたがって財務省が制定した規則により、現在では白黒印刷による紙幣の複製は、米国ならびに外国の紙幣も含めて特段の規制がなくなったほか、カラー複製については、先に述べたような大きさの制限を設けて規制するようになった。

　また、コマーシャルや宣伝用に通貨をカラー図柄で複製することが認められるようになったことも、ひとつの特色である。一方、最近のパソコンを使った偽造紙幣の増加傾向に鑑み、CD-ROMやインターネット上の紙幣図柄から偽造紙幣が複製された場合には、そのもとになったデジタル・イメージを作成した者についても、偽造幇《ほう》助《じょ》者として逮捕され、訴追の対象となる恐れがある。

　そのほか、先に述べたように国外での事案についても、米国司法当局は国外で米国紙幣を偽造、所有、取引した被疑者について、訴追する権限を有することになっている。米国の紙幣を偽造した場合には、二〇年以下の懲役刑という重い処分が行われることになっている。なお、米国紙幣の図柄や様式については、法令の一種であるため連邦政府には著作権はない。

英国における銀行券複製の規則

英国では、一九八一年の偽造防止法第一八条により、イングランド銀行の許可なしに銀行券の全部または一部の図柄の複製をしてはならないことになっている。イングランド銀行券の場合、その発行主体であるイングランド銀行は銀行券の図柄について著作権を保有している。その証拠に、券面表裏の図柄の中には©の著作権表示のマークが印刷されている。

英国でも、銀行券のカラー複製をする場合には、許可される基準があらかじめ定められている。紙幣を縮小コピーする場合には、縦横ともに長さ方向で三分の二以下、拡大する場合には縦横ともに一・五倍以上と定められており、また紙幣の部分複製についても、この原則が適用される。そのほか、紙幣の複製は片面だけと決められている。

コマーシャルへの使用に際しては、暴力やポルノなど不快な内容のものへの使用や、女王の肖像を歪曲したり削除することは認められないとしている。しかし、七〇度以下または一一〇度以上傾いた角度からの撮影のほか、紙幣と明らかに異なる用紙や素材への印刷や、紙幣の片面について面積の半分以下の部分複製は、規制されないことになっている。

なお、縮小または拡大した場合には、複製品にSPECIMEN（見本）の文字を二か所斜めに印刷することが求められており、その見本文字の大きさについても、長さが紙幣全体の幅の三分の一以上、文字の字高も同じく全体の高さの八分の一以上で表示するという細かい規制がなされている。もちろん、これらの条件を満たした場合には、申請に基づき許可が与えられることになっている。

ユーロ紙幣についての複製の規制

ユーロ共通通貨については、二〇〇三年三月に従来の複製に関する規制が改正され、規制内容が強化された。改正の趣旨は、真券と複製券との混同を防ぐことと、複製に関する規制の混乱を整理することである。また、インターネットのホームページ上での映像を出力して偽造紙幣が作られることを防いだり、インターネット上でのユーロ紙幣デザインの利用に規制を加えることも目的としている。ユーロ紙幣のデザイン著作権は欧州中央銀行（ＥＣＢ）が保有しており、ユーロ紙幣の印面には英国と同様に

Ⓒの著作権表示マークが印刷されている。

ユーロ紙幣の複製に対する規制の特徴としては、米国や英国のような紙幣全体についての複製規制のほか、紙幣に使われているデザインや微細な地模様の複製についても、規制を加えている点である。その理由は、ユーロ紙幣の地模様の中にはさまざまな偽造防止対策が散りばめてあるため、それを拡大して複製されるといろいろな障害が出ると懸念されるからである。噂では、ユーロ紙幣には複写防止用の特殊な模様や、高速の自動監査機で紙幣の真偽鑑定ができる特殊な工夫がなされているため、これらの秘密技法を防衛するためであるといわれているが、真偽のほどはわからない。

また、ユーロ紙幣のデザインをコマーシャルに利用することに対しても、きわめて厳格に規制しており、色調、文字の書体やシンボルマーク、ホログラム模様などの部分模様などについても、厳しく複製利用を規制している。

しかし、明らかに真券との誤認の恐れのない複製については、英国や米国とほぼ同様の規制での複製を認めている。すなわち、ユーロ紙幣の片面だけの複製に限り、縮小の場合は紙幣の縦横の長さが四分の三（面積で約二分の一）以下、拡大の場合は一二五パーセント（面積で約一・五六倍）以上とすること、また両面を印刷する場合には縦横ともに二分の一（面積で四分の一）以下か、二倍（面積で四倍）以上になるよう規制している。ユーロ紙幣の表または裏の一部を複製する場合には、その部分が真券の面積の三分の一以下とすることを義務づけている。

そのほかに、明らかに紙幣用紙とは異なる素材、たとえば、ポリマー、厚紙、フィルムなどに図柄を複製する場合には、当然ながら規制がかからない。また、ユーロ紙幣に使われている個々の断片的な図柄やデザインについても新たに規制を行い、真券に似た地模様を複製しないことを求めている。このような部分模様などを複製する場合の具体的な規制基準は示されていないが、複製自体を拒否する方針かもしれない。

電子化時代に対応したさまざまな規制強化も見られる。たとえば、ホームページで表示されるユーロ紙幣が悪用されないように、SPECIMEN（見本）の文字を、太い書体であるアリアル・フォントを使って、複製品の表面に対角線上に印刷することが定められている。その見本文字も、大きさは複製品の長さの七五パーセント以上、字高は複製物の高さの一五パーセント以上とするよう細かく定められている。また、CDやDVDなどの電子的な複製品の解像度は、一インチ当たり七二ドット（72dpi）以下となるように粗く設定することが求められている。

いずれにしても、ユーロ紙幣の複製を行う場合、加盟国の住民は各自の国の中央銀行に申請し、ユーロ通貨圏外の人は欧州中央銀行に直接申請することになっている。

明文化されていない日本の場合

日本の銀行券の図柄や様式は、日本銀行法の規定に基づく財務大臣告示という一種の法令により一般に公開されている。この告示は法令の一種であるため、著作権は認められていない。しかし、刑法、通貨模造取締法等の法令により、銀行券の偽造や模造を行った場合には、当然のことながら通貨偽造、模造、同行使などの処罰規定に照らして、刑罰が科されることになる。日本の場合、欧米やユーロ圏のように明確な成文化した複製の許可条項はなく、通貨当局である財務省の行政指導により規制が行われている。

現状では明確な基準はないが、一般的には英国や米国と同様に、現行券やまだ有効な紙幣の複製に際しては、大きさの面での行政指導による規制が慣習的に存在している。縮小の場合は縦横各辺が一〇分の七（面積で約二分の一）以下、拡大する場合には同様に各辺が一・五倍（面積で約二倍）以上とするようで、有効券をカラー印刷で複製する場合には「見本」の文字を明瞭に加刷することが要請されているらしい。また紙幣の複製品によるいたずらや悪用を防ぐために、図鑑やカタログ類は別として、書籍や雑誌のカラーページ、そしてカラー刷りのチラシなどに紙幣図柄を使う場合には、全体を切り取られないように紙幣を重ねた状態で撮影したり、部分的に表示するなど、編集面での工夫を行う必要がある。

日本の裁判所の判例では、従来から紙幣の偽造や模造の定義面で厳しく解釈されており、不注意でうっかりして偽造や模造犯にならないよう、疑問のある場合には通貨当局等に照会するなどして、留意する必要がある。

また白黒での片面印刷による場合でも、紙幣の原寸大での複製は極力避け、縮小または拡大して採用することが必要である。とくに注意すべきことは、現行券ばかりではなく、現在ではほとんど流通していない過去に発行された銀行券であっても、まだ法的に有効な紙幣があるので、縮尺や見本文字の加刷の際には留意しなければならない。たとえば日本紙幣の一円券は、一円という通貨単位が日本の基本となる通貨単位であるためか、いまだに一八八五（明治一八）年発行の兌換銀券（大黒札）の一円券、八九年発行の改造兌換銀券（武内宿禰）の一円券なども有効券であるので「見本」表示を忘れてはならないのである。

日本の紙幣の偽造、変造に関する規制

紙幣に関する日本の取締りに関する法律では、刑法で通貨偽造、変造が禁止されて

いるほか、偽造、変造したものを行使することも禁止されている。この場合の偽造とは、刑法第一四八条によれば、偽造券を実際に行使するという目的を持って偽造や変造をすること、また行使とは、偽造券を行使する目的を持って他人に交付したり、輸入することである。これに抵触すると、無期または三年以上の懲役という重い刑罰が科されることになる。

刑法第一四九条は、外国の紙幣を偽造、変造した場合には二年以上の懲役、またこれを行使したり輸入した場合にも同様に二年以上の懲役を科されるとし、また第一五〇条では、偽造や変造された紙幣を行使の目的で取得した場合には偽造通貨取得に該当し、三年以下の懲役に処せられることになる。

そのほか、刑法では、贋札であることを知りながらこれを行使したり、あるいは通貨偽造をする目的で機械や原料を準備した場合にも処罰されることになっている。

また、「通貨及び証券模造取締法」では、紙幣と紛らわしい外観を有するものを製造したり、販売することを禁止しており、違反者には三年以下の懲役や罰金が科せられることになっている。この場合の「紛らわしい外観」に関しては、多くの判例から見ると、その大きさや図柄、色調、紙質などを総合的に見て判断されることになるが、全体としてきわめて広く解釈されていることから、うっかりすると法律違反に問われる恐れがあり、注意が肝要である。

さらに、「すき入紙製造取締法」に基づき、黒すかし用紙や紙幣、収入印紙などに使用されている透かしの模様に類似した文字や図柄の白透かし入りの用紙は政府または政府の許可を受けた者以外は製造してはならないと定めており、もし許可を得ないで製造した場合は、処罰されることとなっている。従前は黒透かしの用紙は、一切許可しないという運用であったが、国際的には黒透かしに関する規制はなく原則として自由に認められていること、そのため日本の製紙業者だけが外国の銀行券用紙受注が難しくなり不利益を被ることがないよう、その製造目的や図柄を明確にして申請すれば、最近では許可されるよう運用が改善されている模様である。

◆コラム◆偽造防止技術の話② 紙幣用紙の透かし

西欧で始まった用紙の透かし技法

ごく一部の国を除き、紙幣用紙に透かしが使われるのは常識となっている。透かしは古典的な技法であるが、今日でも最も有効な偽造防止対策のひとつであることに変わりはない。用紙を抄造する段階で熟練を要する特殊な技法で作るもののため、印刷やその他の代替技法を用いても、決して精巧なものは再現できないうえ、最近はやりのパソコンを使った偽造にも十分対抗できる優れものの技術なのである。

紙の発明自体は中国であるが、透かしの技術はヨーロッパで発明されている。一般には一二七〇年頃、イタリアの有名な製紙工房であるファブリアーノで発明されたとされている。工房のトレードマークとして、簡単な線画模様や工房の名前を紙に抄き入れたものという。やがて一三九〇年頃には「牝牛の頭部」「十字形」などのマークが出現する。

針金を曲げて一定の図形を作り、これを漉き網の上に取りつけて用紙を抄造する。すると、針金の図形部分は用紙の紙層が薄くなり、明るい方向に用紙をかざすと、図形が白く浮かび上がってくる、という仕組みである。この技法は短期間でヨーロッパ中に伝播して、ぶどう、貝殻、鳥、動物の図柄など、さまざまな図柄や文字の白透かしが、各工房の商標として採用されるようになった。

一四世紀末、フランスの製紙工房で抄造した用紙の中に、寸法が足りないものや、品質の悪いものが数多く見受けられた。そのため当時の国王は、用紙の品質保証を確保するため、製紙工房の証票マークを透かしで抄き入れるよう、一三九八年に命令を出している。さらに一五八二年には、フランスのアンリ三世が偽造公文書を防ぐため、国王の命令書や特定の重要な文書に使う用紙に製紙工房のマークを抄き入れることを命令している。その後一六七四年には、王室の使用する用紙には王冠などの白透かし模様を使うとともに、折からの財政難のため、その使用料として冥加金《みょうがきん》を徴収している。

一八世紀に入ると、西欧諸国では政府紙幣や銀行券が広く使われだした。それとともに偽造紙幣も増加したため、贋札防止の必要上からも紙幣用紙に透かしが採用されるようになった。当時の紙幣用紙は使い古した木綿の屑を原料とし、その繊維を離解《りかい》、叩解《こうかい》したうえで手抄きの方法で抄くのだが、その際、模様や文字の入った漉き網で白透かしをつけた。当時の有名な替え歌「ボロ屑から用紙を作る」では次のように唄われていた。「用紙はお金を作る。お金は銀行を作る。銀行は借金を作る。借金は乞食を作る。乞食はボロを作る。ボロは用紙を作る」

当初、白透かし模様は手抄きの技法で一枚一枚製造されていたが、やがて一八三〇年頃に、ダンディ・ロールを用いた機械による白透かし技法が、英国人のジョン・マーシャルによって発明される。円筒状の金網の表面に針金製の透かしマークを複数ハンダ付けし、それを取りつけた抄紙機《しょうしき》（長網《ながあみ》抄紙機）を通すと、一度に多くの透かしをつけることができる。これによって紙幣用紙の量産化が促進された。しかし、この白透かしの技術は比較的簡単にまねされるため、偽造の白透かしが横行するようになった。

一方、一八五〇年頃、英国において、階調を持った人物肖像などの図柄を表現するための「白黒透かし」の技法が発明され、手抄きの技法として実用化した。この技法では、金網製の漉き網の表面に図柄の階調に合わせた凹凸の模様をプレスする。そうすることで、標準的な紙の厚さよりも厚く用紙の繊維がたまる部分（黒透かし）と薄く繊維がたまる部分（白透かし）ができ、この段階的な凹凸により階調が表現されるのである。白黒透かしは版面製造に相当の熟練を要するうえ、抄造自体も難しいため、紙幣用紙の偽造防止対策としてきわめて効果的であり、一九世紀後半には世界の紙幣に採用されるようになった。

一九世紀末、白黒透かしを効率的に製造する円網抄紙機が発明される。現在では、この円網だけでなく、長網と組み合わせた抄紙機も用いられ、精緻な透かし模様が生み出されている。

日本における透かしの技術

日本では、和紙の抄造において、漉き桁《げた》に竹簀《たけす》を使用したことから、透かしの技術の発達が遅れた。金属と違って、竹はプレスして凹凸をつけることは不可能だからである。しかし、元禄《げんろく》時代には越前五箇・大滝村の抄紙工房・加藤河内一門において溜め抄きの技法を使った「透き入れ美術紙」が抄造された。やがて一六八〇（延宝八）年頃には、徳島藩で藩札用紙に透かしが使われはじめ、一七三八（元文《げんぶん》三）年頃には障子紙に紋章の透かしが採用されるなど、独自の技術で透かしの技法が開発されてきた。

日本の藩札用紙の透かしには、熊本藩や徳島藩のような、表裏の紙層の間に文字や模様を印刷した用紙を挟み貼り合わせた三層構成の「擬似透かし」も見られるが、大部分は簡単な文字や模様を白透かしで抄き入れたものである。たとえば宇和島藩、備中津寺旗本領、岡山藩、足守藩、松江藩など中国四国地方の藩札に簡単な模様の白透かし模様が多く使われている。しかし、藩札用紙は約三〇〇ミクロン以上と厚いため、その透かし模様はあまりはっきりとは見えない場合が多い。

その後、一七四八（延享《えんきょう》五）年頃には黒透かしも発明され、日本独自の抄き入れ技術の発達を遂げた。やがてこの透かしの技法は、明治新政府によって東京・王子に設立された紙幣寮抄紙部に引き継がれ、越前五箇村の加藤河内一門を招聘《しょうへい》して技術伝承がはかられた。その後、お雇い外国人彫刻師キヨッソーネによる西欧における透き入れ技法の紹介や、紙幣局技術者の研究開発により、日本独自の技法による白透かしや黒透かし模様が抄き入れられるようになった。

紙幣製造においては、一八八二（明治一五）年発行の改造紙幣（神功皇后札）五円券から白透かしが、八五年発行の日本銀行兌換銀券（大黒札）一〇円券から黒透かしが採用されている。その後、八八年以降に発行された改造日本銀行兌換券は、世界でも類を見ない精緻でシャープな白黒透かしの文字と模様が採用され、一挙に世界のトップ水準に到達している。

このような優れた白黒透かしが開発できたのも、根底には、長年にわたる日本伝統の和紙作りの技法が存在し、その技術が連綿と伝えられてきたからであろう。

もちろん明治期に開発された日本独自の紙幣用紙の白黒透かしの技法は、当初は手漉きによって行われていたが、昭和九年には銀行券用の特殊抄紙機が完成し、この機械装置を使った特殊漉き入れ法の導入に成功し、漉き入れ品質を維持しながら、優れた紙幣用紙の量産化にも成功している。

改造兌換銀券 100円券（1891年発行）の精緻な白黒透かし模様

現在の白黒透かしの技法は、黒透かし部分は用紙の厚みを多くし、白透かし部分は薄く抄き上げることにより、白黒透かしの模様に階調を持たせるもので、用紙の製造段階でしか出来ないものである。

そのため、贋札犯人がこれを偽造することは極めて困難であるほか、淡いインキを使って透かしの図柄に似た模様を紙面に印刷した場合には、専門家でなくても、直ぐに偽造券であることが分かる。

そのため、各国の銀行券では競ってシャープな白黒透かしを採用するように努めているが、日本の透かしに勝るものは現状ではないと言える。さらに二〇二四年に発行が予定されているF券シリーズの銀行券では、さらにこの白黒透かしに加えて、新たな模様などを追加した「高精細な抄き入れ模様」が採用されるとの発表があり、紙幣用紙の面からも偽造防止対策が一層強化される見込みである。

なお、オーストラリアの銀行券から始まったポリマー紙幣では、素材自体が薄いプラスチック製であるため、紙製の素材のように透かしを採用することができず、印刷方式を使った「疑似透かし」を採用したこともあった。しかし、あまり品質が良くないため、ポリマー紙幣の一部に印刷を施さない空白部分を設け、そこに華やかな色変化をするホログラム箔や、白インキなどでの透かしに似た肖像の図柄を印刷するという方式で、偽造防止効果を高める措置が、最近発行のカナダ、イギリス、ニュージーランドなどのポリマー紙幣に多く見られるようになった。

第三章　戦争と紙幣偽造

戦時における相手国紙幣の偽造作戦

ナポレオン軍によるオーストリア紙幣の偽造

戦時中、敵国の国民生活を疲弊させるなどの目的から相手国紙幣を偽造することは、古来、作戦のひとつとして行われてきた。本来は、戦時中といえども、外国の紙幣を偽造したり紙幣に紛らわしいものを模造する行為は、刑法上、処罰の対象なのだろうが、戦時国際法上はなんら問題にされず、謀略や戦略の一環として容認されているようだ。

一八〇五~〇六年、アウステルリッツの三帝会戦でフランスのナポレオン一世は勝利し、オーストリア帝国を屈服させた。戦勝のあと、ナポレオンはすぐさま腹心であった警察長官のジョゼフ・フーシェに命じ、フランス軍の戦費の不足を補うためにウィーン国立銀行券のグルデン紙幣を偽造させた。

フーシェはもともと教師であったが、一七九二年にフランス国民公会の議員に当選し、共和制政治においてルイ一六世の死刑執行を推進した。その後、さらにいっそう、当時の恐怖政治体制に関与し、九三年のリヨン反革命派の大量虐殺も指揮した。さらに警察長官としてナポレオンのクーデターに参画してこれを成功させ、帝政政権の中心においてナポレオンの参謀役の政治家として活躍していた。

フーシェの「偽造」方法はいたって明快であった。フランスの占領下にあるオーストリア銀行を接収し、その紙幣印刷所に保管されていた本物の紙幣印刷用の印刷版面をひそかにパリに送って、ウィーン国立銀行券を大量に印刷したのである。版面が本物であるため、偽造といっても印刷状態はまったく本物と同じ「偽造券」である。

もっとも、注意深く観察すれば、パリで印刷したものは用紙が本物に比べてやや青みのある色調をしており、ためにそれが偽造券であることがわかる。ただ、違いはその程度であったので、オーストリアをはじめ周辺諸国では、本物の銀行券としてなんら疑いを持たれずに流通したのである。

ナポレオンに偽造された当時のウィーン国立銀行券は縦型で、白透かしによるぼんやりとした模様や額面金額の数字が抄き入れられた用紙には、双頭の鷲の小さな紋章が中央に印刷されていた。そして凸版の版面による複雑な輪郭模様、額面金額、支払文言、銀行の理事たちのサインが券面いっぱいに所狭しと並んでいる。

また偽造防止対策としては、紋章が上部に二か所エンボス加工され、紙幣の記番号が手書きで記入されていた。すなわち、当時としては先進的な偽造防止対策を講じた銀行券であった。しかし、貴重な銀行券の版面が持ち出されて印刷されたため、その真偽判別はきわめて困難であり、ナポレオン軍による偽造券は、どのくらいの枚数が製造・使用されたかも不明である。

しかし一八一〇年、ナポレオンはハプスブルグ家の皇女マリー・ルイズと結婚、オーストリア帝国皇室と縁戚関係になる。そのためナポレオンはフーシェに命じて紙幣の偽造行為をもみ消すとともに、押収した紙幣の版面も秘密裏に破壊したという。

またナポレオンは、一七九五年から一八一五年にかけての一連の戦争中に、ヨーロッパ各国の紙幣を偽造しているが、これは相手国の経済を混乱させるという目的のほかに、遠征による戦費の不足をカバーし、戦場において現地で物資を調達する目的もあったのだという。その有名な事例としては、ロシア帝国との戦いの際にロシアの二五ルーブル紙幣を偽造したほか、一八一三年のクロアチアでのオーストリア軍包囲作戦においても紙幣を偽造し、また英国のポンド紙幣の偽造にも手を染めている。

もちろんこれらの紙幣偽造は、隠密裏に計画され実施されているが、いつの間にかその噂が関係者の間で広まってしまった。偽造券を大量に発行することにより相手国の経済に対する打撃を与えることは、かなり難しいと考えられる。

米国・独立戦争当時の英国軍による大陸紙幣偽造

アメリカ大陸では、一六〇七年のバージニア開拓地設立以来、東海岸地域に英国の植民地が次々に形成された。それらは自治的な植民地政府により統治されるものであったが、英本国からは国王に任命された総督が派遣され、大きな権限を握っていた。

これらの植民地では、一七七三年まで、英本国がいかなる硬貨の発行も拒否していた。しかし、英本国からの銀貨の供給は、各植民地政府の需要を満たすには不十分なものだった。そこで各植民地政府は、行政経費・軍事費のほか、灯台・城塞・港湾などの公共設備の建設資金を確保するため、建国当初から「ビル・オブ・クレジット」と称する独自の紙幣を発行、一般にも流通させていた。

一七三〇年代、各植民地政府は増大する軍事費や行政経費のため、事実上の紙幣を大量に発行していた。このため通貨インフレが起こり、その価値は大幅に下落していた。そこで英本国は紙幣発行を厳しく規制したが、ジョージ五世戦争、フランス・インディアン戦争などの軍事費を植民地側に支弁させるため、やむを得ず一七四一年の英国議会において、総督の監督のもとに紙幣を発行することを承認する法律を制定した。

しかし一七七五年になると、各植民地政府は総督の承認なしに、各地で異なったデザインの紙幣を発行しはじめた。当時の植民地での通貨のうち、七五パーセントが紙幣、二五パーセントが硬貨であったといわれているほど、植民地は紙幣中心の経済であった。

やがて英本国による植民地経済の収奪政策に反発抗議する動きが活発化し、各植民地政府は独立運動を加速した。そして印紙税反対運動やボストン茶会事件をきっかけに戦争状態に入り、一七七六年、独立戦争が勃発した。植民地の東部一三州は戦費を確保するために、大陸会議（米国・独立戦争当時における植民地側の中央組織。事実上の中央政府）の決定に基づき大陸紙幣（コンチネンタル・カレンシー）を発行、大衆は独立運動に対する忠誠心の表れとして、これを受け入れたのである。

大陸紙幣は当初は手書きであったが、やがて銅版彫刻された版面が用いられたほか、その版面をもとにして鋳型に流し込んだ凸版版面が作られて、平圧式の凸版印刷がなされた。紙幣は各州で製造され、一時多くの銅版彫刻者や印刷所がその作業に従事したが、最も有名な紙幣印刷業者は、前述のようにフィラデルフィアのベンジャミン・

フランクリン印刷所だった。同印刷所は、偽造防止のために、溶かした鉛を木の葉に流し込んで版面を作り、この葉脈の図柄を紙幣の裏面に印刷したものや、二色印刷の紙幣を製造した。また紙幣用紙も、偽造防止対策として透かし入りの特製用紙が使われた。

これに対して英国軍は、当然のことながら自軍が占領している植民地での大陸紙幣の使用を禁じるとともに、占領した地域の印刷工場を動員して、大量の偽造大陸紙幣を製造した。当時の偽造防止技術はさほど高度なものではなかったため、ときには本物の紙幣よりも精巧な贋札が大量に流通市場に投入された。

大量の偽造に加え、一七七六年一一月開催の大陸会議では、軍事費支弁のために大量の紙幣を発行することを決め、さらに独立戦争当初は英国軍の勝利が続いたため、植民地軍側の紙幣の信用は極端に低下してしまった。一七八〇年初頭には額面金額の四〇分の一の価値しかないほど減価し、ついには市場から姿を消したのである。

大陸紙幣は部屋掃除の雑巾代わり、パイプ磨きなど、紙幣本来の用途以外に使われることとなり、「Not worth a Continental」（大陸紙幣ほど無価値なものはない）という有名な言葉を生み出したほどである。この大幅な政府紙幣の減価は、もちろん英国軍による本格的な偽造紙幣の大量投入にその原因の一端があったことは間違いない。しかし、当初こそ忠誠心のために紙幣を受け入れたとはいえ、独立戦争に植民地側が勝利できるかどうかについての不安感が植民地の住民に根強かったうえ、基本的には正貨の裏付けのない大量の政府紙幣が人々から嫌悪され、忌避された結果であろう。

ナチス親衛隊による英ポンド偽造作戦

ナチスによる偽造の作戦計画

近代における大規模な世界大戦の際には、国民総動員による総力戦体制がとられ、単に実際の戦闘行為だけではなく、その背景にある敵国の経済活動を麻痺《まひ》させるための戦略や作戦が展開されるのが通例となっている。すなわち、相手国の経済活動や国民の心理面に打撃を与えるために、各種の戦略や戦術が展開されるのだ。

敵国の紙幣を大量に偽造してその経済を混乱させるという作戦は、単に精巧な偽造券を配布流通させることにより経済生活に支障を与えるだけでなく、相手国民の自国の紙幣に対する信頼感を阻害し、ひいてはその国の威信を失墜させるという効果も期待しているのである。

その作戦を円滑に遂行するためには、本物の紙幣そっくりに偽造する必要があるため、本来は、紙幣印刷を手がける政府や、中央銀行直営の紙幣印刷所、紙幣製造専門の証券印刷会社が実施することが望ましい。

しかし、そのような公的な機関が贋札を製造することになると、直接印刷を担当する職員や関係者、材料納入業者が多くなるため、どうしても秘密管理が困難となり情報が漏れやすく、敵国の諜報機関に容易に察知されやすくなる。また、紙幣製造を担当する印刷局などの職員は、本来的にそのような悪巧みに対して嫌悪感が強く、軍隊の力を背景に威嚇《いかく》しても、協力を得られないことが多い。

そこで敵国の紙幣を隠密裏に偽造するためには、よほど強力な独裁政権体制の国の場合は例外として、秘密警察や軍の諜報機関などが非公式に、印刷局や証券印刷会社の協力のもとにみずからの紙幣偽造工場を設置して、完全な情報秘匿《ひとく》体制で行うことが必要になる。また、仮に精巧な偽造券が完成しても、それを敵国の領土内で両替したり、商品購入に使用したり、あるいはそれを使って第三国などで軍需物資などを調達して敵国経済を混乱させる必要もあるため、その作戦を実行する軍の諜報機関等が関与する必要があるのである。

このような事情のもと、典型的な戦時中の紙幣偽造作戦が、第二次世界大戦中にドイツによって実施された。ナチス親衛隊の情報部・対外政治情報局のF４課（書類偽造担当）のベルンハルト・クルーガー大尉を責任者とし、本物の英ポンド紙幣とまったく見分けのつかないような精巧な偽造券を大量に製造する作戦である。この偽造作戦は、責任者のクルーガー大尉のファーストネームをとって「ベルンハルト作戦」と呼ばれている。もともとクルーガー大尉の所属したF４課では、以前から、ドイツ諜報部が国外に派遣するスパイのために、偽造旅券、査証、身分証明書、免許証など、あらゆるスパイ工作用の書類を偽造していた。偽造の素地はできていたのである。

ユダヤ人強制収容所での贋札作り

命令を受けたクルーガー大尉は、さっそく世界史に登場した国家的規模の偽造事件の詳細を調査研究する。たとえば前述のナポレオン軍によるウィーン国立銀行券の偽造事件、一九二〇年初期において領土回復のための政治資金獲得にと行われたハンガリーの秘密結社によるフランス紙幣の偽造事件、あるいは当時すでに英国空軍がルール地方に対して実施した精巧なドイツ偽造券の空中散布作戦などを参考にしたという。

その結果、一目で見破られるような粗末な贋札では、経済を攪乱《かくらん》するほど大量に流通させることは不可能であるため、紙幣用紙、印刷状態などすべての面で本物そっくりの品質に偽造することが求められた。そこで一九四二年の春、ベルリンの北方、ザ

1940年代に使用されていた英国5ポンド券

クセンハウゼン強制収容所の中に、さらに鉄条網で防護したハインケル強制収容所・偽造券製造工場を設置する。そこに数人のドイツ人技師の監督官を置き、紙幣用紙の抄造技師や製版・印刷経験者など約四〇人のユダヤ人や外国人の技術者を、各地の強制収容所から選抜して収容、本格的な偽造作戦を開始したのである。

最初にターゲットとしたのは英国の五ポンド券と一〇ポンド券であった。その理由は、当面の主要な敵国である英国の紙幣であること、また当時の英国の紙幣は地模様のない白黒透かしの入った白紙に、黒一色で簡単な図柄の像と支払文言などが印刷されただけのものだったので、比較的偽造が容易であると考えられたからであろう。

一九四〇年代の世界の銀行券や政府紙幣は、英国と米国の紙幣を除き、すでに偽造防止のために精巧な白黒透かし入りの用紙を使用していた。印刷面では、多色凸版印刷によるカラフルな地模様が採用され、その上からインキの盛り上がった凹版印刷が施されたり、特殊なルールに基づいた記号や番号が印刷されるのが通例となっていた。しかし保守的なイングランド銀行は、一七世紀以来の伝統にしたがって透かし入りの白紙を継続使用し、簡単な文字のみの凸版印刷を墨守《ぼくしゅ》していた。偽造の対象とされた愛称「ホワイト・ファイバー」五ポンド券は、昔ながらの仕様をかたくなに続けていたのであった。

ただ、この一見簡単に模倣できそうなイングランド銀行券は、その紙幣用紙に関しては英国の歴史あるポータルス製紙会社が長年の技術の粋を集めて製造したものであり、そう容易に偽造はできなかった。素材にはトルコ産の亜麻が使われていたが、その使い古した亜麻の手触りを出すためにドイツ偽造工場の技師たちは苦労したという。また、用紙全面に抄き入れられている白黒透かしの文字の模様はきわめて模倣が困難であり、技師たちは透かしの模様を作り出す円網モールドを何度も作り直した。それでも三枚に一枚は失敗し、損紙となる状態であったが、やがてベルリン郊外のシュペヒトハウゼン製紙工場で、ほとんど本物と区別できない紙幣用紙が完成した。

印刷に必要な版面製造に関しては、当時贋札犯として刑務所に服役していた版面彫刻の名人でロシア系ユダヤ人のソロモン・スモリアノフが、その才能を買われてザクセンハウゼン強制収容所に迎えられた。彼は一九二八年に英国の五〇ポンド券を偽造してオランダで逮捕され入獄していたが、一九四三年一月、ナチスの強制収容所にいわば高級技師として移籍したのである。

イングランド銀行券の文字は、一見すると簡単な筆記体の文字と飾り文字が黒一色で凸版印刷されているだけであり、偽造版面を作るのは容易に見えたが、実は文字の一部や飾り模様の中には特殊な暗証や意図的につけられた図柄が隠されていた。そこでスモリアノフは本物のポンド紙幣を拡大し、暗証などの特殊模様を見つけ出したうえで、入念に彫刻して版面を完成させたのである。

またポンド券の記号や番号は、特殊なルールで印刷されているため、適当な番号を印刷してもすぐに偽造券であることが露呈する仕組みであった。そこでスパイが暗躍、秘密とされたその記号と番号の付け方のルールをイングランド銀行関係者から聞き出すことに見事に成功した。ナチスはそのルールにのっとって印刷したのである。

工場では月間製造枚数が一時期約四〇万枚に達するなど、大量の偽造ポンド券が製造された。もちろん、あまり新しい紙幣が大量に流通すれば怪しまれるため、収容所の人々が協力して紙幣に手垢《てあか》をつけ、折り曲げるなどして、古く見せかけた。

できあがった偽造ポンド券はきわめて精巧であったが、本当に相手をだますことができるかどうかを試す必要があった。そのため、ナチスのスパイは、それを中立国のスイスの銀行やロンドンのイングランド銀行本店に持ち込んで試してみたという。結果は成功、偽造券と見破られなかった。こうして本格的にこれを使用する作戦が実施されることとなったのである。もちろん偽造券の品質にはばらつきがあるため、一級品は危険をともなう敵国潜入のスパイが使用するものとし、二級品は占領地域でのドイツへの協力者やシンパに対しての支払い用に、三流品は小口の取引に使用したのである。

この偽造ポンド券が実際に使用された著名な事例に、イタリアの首相ムッソリーニ救出作戦がある。ムッソリーニはバドリオ元帥《げんすい》の寝返りにより逮捕監禁され、ローマの東方にあるグラン・サッソ山中のホテルなどに監禁されていた。これに対しナチス親衛隊は、約五万ポンドの贋札による身代金を渡して、ムッソリーニを救出したのであった。そのほか、ユーゴスラビアでパルチザン軍から武器を購入する際の支払いなど、外貨不足に悩んだドイツのスパイや諜報機関では、当時戦時下でも信用のあった英国ポンド券の贋札を情報の入手や武器の購入などに効果的に使用していた。

ちなみに、このような精巧なイングランド銀行五ポンド券の偽造のほかに、強制収容所ではカナダの銀行券、アメリカのドル紙幣などの偽造も実施したが、ポンド紙幣以外はほとんど使用しなかったようである。

本物のポンド券と贋札との微細な相違点

五ポンド券を例に真贋の違いを見てみよう。

用紙には中央に長方形の黒透かしの枠があり、この中に「FIVE」の文字の黒透かし、その両端に「£5」の白黒透かし、上下に「BANK OF ENGLAND」の白黒透かし、下辺に版面番号の黒透かし、そして券面全面に波模様の白透かし模様を用いていた。

ただ、真券ではこの透かし模様にもわざと手抜きをした部分がある。たとえば下辺の透かし文字「BANK OF ENGLAND」の「N」の上下の飾り三角模様の部分は、真券はわざと三角形の模様をぼかしているが、贋札はこの三角形がシャープになっている。また本物の透かしの細い波線はシャープな白透かしであるが、贋札はその白透かしの線がボケた感じに仕上がっているなど、詳しく観察すると違いがわかるのである。

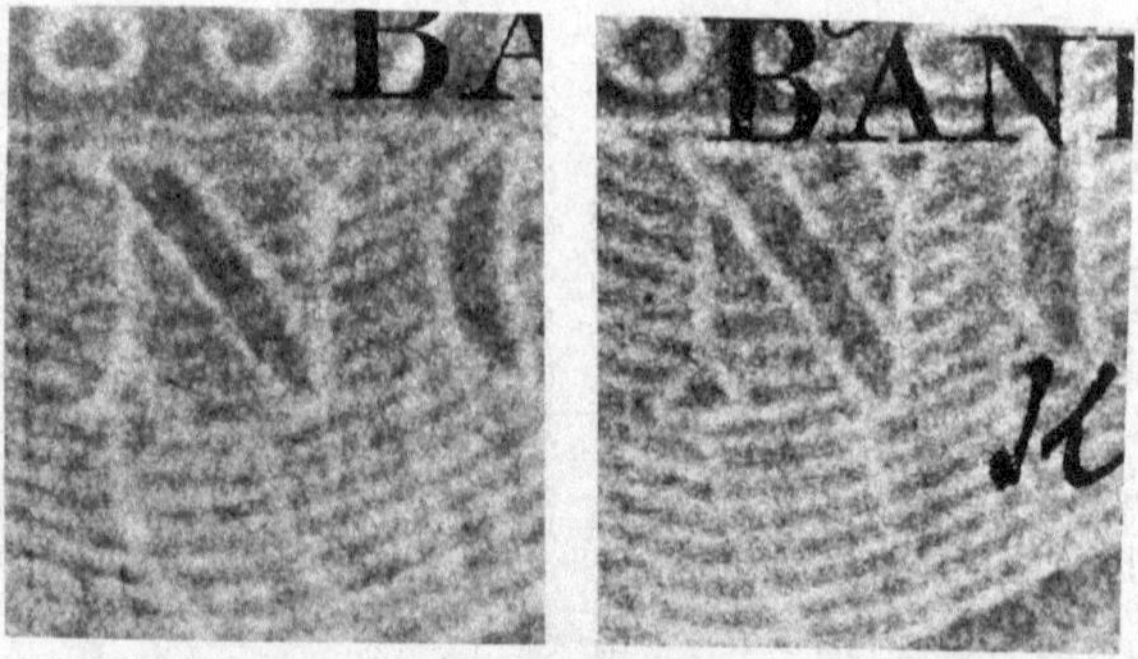

真券（左）と「N」上下の飾り三角模様がシャープな贋札（右）

また印刷面でも、贋札は真券そっくりに印刷されているものの、細かく観察すると多くの相違点が見られる。まず券面左上のブリタニア座像は、本物がシャープな画線で構成されているのに対して、偽物は本物の座像を拡大して写真で複製し、これに所要の補刻をして原版の版面を製版しているため、全体的に画線が太く、また陰影の差がありすぎ、細い画線がつぶれたような状態となっている。また券面上部の「Bank of England」の文字も、「B」の頭文字の細かい飾り模様、たとえば四個並んだハート形模様、「B」の文字の中の小さなコンマのような模様などが違っているほか、微細な文字の違いなどが見受けられる。

やがてイングランド銀行もこれらの相違点に気づき、ナチス親衛隊が精巧なポンド券を偽造し、それがかなり広範囲に流通していることを知って、

女神ブリタニア像がシャープな真券（左）とつぶれている偽造券（右）

両替などの際の警戒態勢を強化した。
さらに偽造防止対策を追加導入し、白黒透かし入りの白紙用紙の紙層内に、細い〇・五ミリ幅の糸のような金属製の安全線（セキュリティ・スレッド）を挿入するという画期的な技法を、世界で初めて実行したのである。

戦況はしだいにドイツに不利となり、やがてベルリン郊外の贋札製造の強制収容所は移転を迫られていく。一九四五年五月のドイツの降伏寸前には、印刷用版面、印刷機、紙幣用紙などの各種の材料、完成した偽のポンド券やドル券、そして印刷工などを乗せたトラックの隊列は、当時ドイツ領のリンツ

「B」の飾り文字がシャープな真券（左）と偽造券（右）

トプリッツ湖から引き上げられた偽ポンド券の束
(Bryan Burke, *NAZI COUNTERFEITING of BRITISH CURRENCY during WORLD WAR II*)

（現・オーストリア）にあったマウトハウゼン収容所に向かう。ドイツ降伏が迫ると、これらの資材を乗せたドイツ海軍のトラックはオーストリア国境に近いトプリッツ湖畔に運び込まれ、重石をつけて湖底に沈められた。

ところがほどなく、トプリッツ湖から流れるトラウン川に大量のポンド紙幣が流れ出したことに気づいたアメリカのＵＳＳＳやイングランド銀行関係者等が引き上げ作業を行い、大量の偽造ポンド券や資材を発見、その枚数は一二〇〇万枚にものぼったという。

このような大規模な紙幣偽造は、強力な国家機関が関与しなければとうてい実行できないものであるが、戦時や独裁国家の指導者の気まぐれによって実行される恐れも大きいと考えられる。したがって、このような国家的な本格的偽造にも耐えられるような独自の紙幣製造技術や、極秘の偽造防止対策をそれぞれの国の紙幣に備えておく必要があることを、歴史はわれわれに教えてくれているのである。

日本陸軍による中国紙幣の偽造作戦

中国法幣偽造作戦の背景

それでは、戦前・戦中の日本軍の場合はどうであったろうか。

一九三七（昭和一二）年七月七日、北京郊外の盧溝橋《ろこうきょう》における日中軍の軍事衝突はすぐに日中戦争に発展、中国北部から上海などの南部にまで戦線は拡大し、全面戦争に突入した。しかし日本軍は都市とそれを結ぶ鉄道という「点と線」のみを占領する状態となり、農村部は蔣介石《しょうかいせき》率いる国民党政府や共産党・八路軍《はちろぐん》の支配する地域となっていた。

中国政府は一九三五年に銀兌換制度を廃止し、従来の各種銀行券を統合して、中央銀行、中国銀行、交通銀行、中国農民銀行の四つの銀行が発行する銀行券を、法定の通貨、すなわち「法幣《ほうへい》」とすると決定した。その後、戦争の激化にもかかわらず、法幣は英国のポンドにリンクしているため、安定した通貨として広く中国全土に通用していた。

一方、中国に進出した日本軍は、中国の通貨を排除して日本の経済的な支配体制を確立するため、中国北部では一九三八年に中国連合準備銀行などを設置し、円貨幣により、ある程度の経済支配体制を作りあげていた。そして中南部でも汪兆銘《おうちょうめい》の傀儡《かいらい》政権のもとで一九四一年に中央儲《ちょ》備《び》銀行券を発行、中国の法幣を駆逐して日本の経済的な地位を確立し、蔣介石政権の打倒に備えることを企図した。しかし、中国の法幣は依然として力を持ち、日本軍が必要な戦略物資や食料などを調達する際にも、日本の軍票《ぐんぴょう》（後述）や儲備券では円滑に購入できないような状況であった。

そのため日本陸軍の参謀本部は、この法幣を駆逐する目的で「対支経済戦要項」を策定する。その中に、謀略戦術として、偽造券を多発することにより、法幣を崩壊させる工作を行うことが盛り込まれた。

一九三八（昭和一三）年当時、戦争のための謀略を担当した陸軍の部局は「中野学校」と「登戸研究所」であった。中野学校は謀略やスパイ諜報活動の要員を養成しており、登戸研究所は技術将校や軍属など技術者集団を結集して、実戦に利用できる秘密の戦略資材の研究開発、実用化を担当していた。その具体的な事例としては、アメリカ大陸まで爆弾を運んだ風船爆弾、生物化学兵器の開発実用化、スパイ用の各種道具などの開発があるが、その中でも重要視され秘密裏に研究が進められたのが、贋札の製造と行使作戦であった。

明治大学生田キャンパスに残されていた旧登戸研究所の建物

この作戦の責任者は、参謀本部や陸軍省に直結した登戸研究所第三科の、山本憲蔵主計少佐(のちに大佐に昇進)であった。

当時中国では原則として一円(当時も今も、中国の通貨単位は「圓」である。その発音が「元」と同じであるため、現在では略号として「元」を使用している)以下の小額紙幣は中華書局《ちゅうかしょきょく》など中国製が多かった。一方、五円や一〇円などの高額紙幣は欧米の会社が製造していた。孫文《そんぶん》の肖像を描いた中央銀行券と建物や風景を描いた中国農民銀行券は原則として英国のデラルー社(徳納羅印鈔公司)、同様に孫文の肖像を描いた中国銀行券と鉄道や建物を描いた交通銀行券はアメリカン・バンクノート社(美国鈔票公司)が、それぞれ印刷していた。その他一部の紙幣は、ロンドンに印刷工場があったウオータールー社（華徳路父子公司）や米国のセキュリティ・バンクノート社（美国保安鈔票公司）で印刷されていた。

これらの紙幣は原則として表裏凹版印刷であるほか、地模様には多色のザンメル凸版印刷が使われており、しかも凹版インキの盛り上げもりっぱな紙幣であった。さらにデラルー社製の紙幣には精緻な蒋介石の白黒透かしが採用されており、偽造は大変に困難であった。

法幣偽造体制、整う

当初陸軍は、紙幣や軍票などの製造を担当していた内閣印刷局に対し、戦争遂行政策の一環である「法幣偽造作戦」に協力するよう申し入れた。

しかし前述のとおり、戦時中とはいえ、いやしくも政府の機関が贋札の製造事業に参画することへの反発は強く、内閣印刷局側の抵抗によって、政府機関としてではなく、印刷や製紙の技術者が個人的に協力する体制となった。また当時の内閣印刷局はきわめて多忙で、日本国内の銀行券や紙幣の製造ばかりではなく、軍票のほか、占領地の華興《かこう》商業銀行券、中央儲備銀行券、蒙彊《もうきょう》銀行券、さらに各種の軍事国債の印刷という業務まであり、とても偽造券の製造に充当する余力がなかったのも事実であった。

こうして陸軍はその豊富な資金力を生かして、自前の紙幣印刷工場を設置することになる。戦時下における陸軍の強い圧力のため、印刷会社や製紙会社、そして関係部局は極秘かつ非公式に協力せざるを得ず、法幣偽造作戦は遂行されることとなった。一九三九（昭和一四）年八月には、陸軍陸地測量部の印刷技師、政府関係部局の技師など数人の出向者と、印刷会社の技術者数人を中心に製造作戦本部が設けられた。川崎市生田《いくた》にあった登戸研究所には、スタッフ総勢約二〇〇人の印刷技術者、約五〇人の製紙技術者、それに紙幣の検査要員として地元の女子挺身隊員約三〇人が結集し、共同で作戦が開始された。

作戦はまず、用紙の製造から取りかかった。交通銀行券は透かしがないため比較的順調に製造できたが、中央銀行券はシャープな孫文の白黒透かしが空白の部分の定位置に抄き入れられているため、難渋をきわめた。しかも印刷局から出向してきた製紙技術者が、軍の命令ではあるが白黒透かしの技法は厳重な秘密事項となっているとして、守秘義務を盾に抵抗を示し、結局その秘密を最後まで関係者に教えなかった。そのため、精巧な透かし入りの紙幣は最後まで完成しなかったという。もっとも、大東亜戦争に突入し、ジャワ島（インドネシア）のバンドン製紙工場が占領下に入ると、その製紙工場で使用していた白黒透かしの技法が製紙会社の技術者によって登戸研究所にもたらされた。その後は、精巧とはいえなくとも、比較的りっぱな孫文の肖像の白黒透かしが入った紙幣用紙を製造することができるようになったようだ。

登戸研究所には、木綿などの製紙材料を蒸煮《じようしや》する大型の丸釜が二基、製紙材料の繊維を細かくする叩解・離解用のビーター三基等の大型装置が設置され、また紙幣用紙を抄くための長網・円網コンビネーションの中型抄紙機、ヤンキー型抄紙機、用紙の仕上げ用のスーパー・カレンダーなども完備した。

次に印刷である。中国の法幣の印刷に必要な精巧な製版設備として、最新の彩紋彫刻機や転写機、製版用の大型カメラなどが導入された。さらに、法幣は多色刷りの地模様印刷で、刷り合わせ精度に優れたオルロフ模様が使用されていたため、高価なドイツ製の凸版多色ザンメル印刷機一台ほか最新の印刷機、計八台を導入、またオフセット機械も数多く購入された。また、紙幣の肖像などを印刷するために必要な凹版印刷用の凹版速刷機八台、記番号を印刷するためにイリス番号印刷機も採用された。こうして、ドイツ製を中心とした最新鋭の印刷・製紙設備が完備され、あたかも本物の紙幣印刷用の諸設備と技術者を擁した第二の政府印刷局といえるものが、登戸研究所内に完成した。

その後、大東亜戦争に突入して日本軍が香港を占領すると、九竜地区にあった中華書局を接収し、本物の中国法幣を印刷していた同社の最新凹版輪転印刷機と版面類、半製品がことごとく日本軍に捕獲された。これらの機械、版面類が海路はるばる登戸研究所に送られ、本物そっくりな偽造券を製造することができたのである。そのほか、交通銀行券を印刷していた香港の商務印書館と大東書局を接収し、さらに占領した香港上海銀行の本店・支店の金庫から大量の紙幣をも入手した。そのうえ幸いなことに、米国の商船が大量の交通銀行券の半製品を中国本土向けに輸送中、ドイツの潜水艦によって臨検拿捕《だほ》される事件があり、それらの半製品も登戸研究所に移送される。

これらは日本軍にとって、非常に好都合な戦利品となったのである。

本物との違い

法幣偽造作戦の当初段階では粗末な品質のため偽造券と見破られた贋札も、その後の技術の進歩や香港での印刷機等の接収により、ほとんど真券と区別できないような高品質なものとなった。とくに「坂田工作機関」(諜報組織)が、重慶《じゅうけい》の中国国民党政府の要人から紙幣に印刷されている記番号の配列方法などの極秘情報を入手したあとは、ほとんど怪しまれることはなかったといわれている。

ここでその真贋の相違点を見てみよう。

ちなみに戦時中に登戸研究所によって偽造された法幣は、最近になって中国や香港の紙幣収集家によって集められ、日本にも持ち込まれて研究や収集の対象になっている。

当時偽造の目標とされた本物の「交通銀行五円券」は、中国人の好む鮮やかな赤色の凹版印刷が特徴で、中央に蒸気機関車を描き、凹版インキの盛りが著しい、重厚な白彩紋模様が特徴の紙幣であった。地模様には、図柄の途中から急に色が変化する、刷り合わせ精度がよい凸版多色ザンメル印刷を施していた。裏面には、重厚な赤色の凹版インキにより、銀行の建物と額面金額の「5」の数字が白彩紋模様で印刷されていた。

これに対して偽造の五円券は、凹版印刷が用いられているが、赤色の凹版インキの色がやや沈んだ色調で、凹版彫刻画線の彫りが若干浅く、平板な感じである。とはいえ、地模様は最新鋭のザンメル凸版印刷機を使って印刷しているため刷り合わせ精度がよく、全体として本物に比べても遜色がない。もちろん仔細に眺めると寸法がやや小ぶりだったり、記番号の書体が若干異なっていたりするなどの違いはあるが、本物の紙幣といわれてもおかしくないできばえである。

中国の交通銀行券真券（上）と偽造券（下）

中国の法幣・中央銀行券の真券（上）とすかし模様が不鮮明な偽造券（下）

一方、精巧な孫文の横顔の白黒透かしがある「中央銀行五円券」の場合は、真券にある透かしが偽造券では存在しないか、あるいはきわめて不鮮明であり、また真券の中央付近に散りばめられた着色繊維もない。印刷面では、孫文の肖像や中央の「五円」の額面金額表示も凹版印刷ではあるが、その画線はかなり劣化している。

完璧に近い品質の偽造券を供給、だが……

このようにして作られた精巧な贋札は、現地中国本土における陸軍の法幣流通組織である「松《まつ》機関」に海路搬送され、中国大陸側の協力組織、とくに上海マフィアの地下組織秘密結社「青幇《ちんぱん》」との協力体制により、偽造券と疑われることなく円滑に使用することができた。

ただ、日中戦争が始まった一九三七（昭和一二）年頃には中国法幣の流通金額は合計約一五億円程度であったが、戦争の進行にともない、物資の不足や政権に対する信頼の減退などの理由からインフレが進み、四一年の段階では約一五〇億円、四四年には約一九〇〇億円にもふくれ上がっている。そのため、登戸研究所が手がけた五円や一〇円紙幣はしだいに小額紙幣化し、その代わりに現地では、簡易なオフセット印刷による五〇〇円、千円、五千円といった高額紙幣が次々と発行されるようになったのである。

日中戦争を通じて、どのくらいの枚数・金額の偽造法幣が製造され、行使されたかについては必ずしも明らかではないが、一説では、登戸研究所での製造が約四〇億円、現地で流通した偽造券が二五億円といわれており、残余は輸送中であったとされている。それもほとんどが低額であったため、このような中国のインフレ経済状況から考えると、日本軍による偽造法幣作戦は、日中戦争の初期段階では戦略物資の買い付けなどにある程度顕著な作戦効果があったかもしれないが、結果的には苦労した割にあまり効果をあげたとはいえないようだ。

もちろん中国政府当局も、日本軍による法幣偽造作戦を知っており、一九三九（昭和一四）年には「日本偽造紙幣取締方法」や「日本人偽造法幣対処方法」を公布し、中国の金融秩序を乱し通貨に対する信用を妨げるものとして、取締りを強化していた。しかしその後のインフレ昂進にともない、これを黙認していたとも見られる。その理由は、もはや小額紙幣化した偽造法幣による弊害はなくなり、むしろ日本軍が無料で、製造コストがかかる小額紙幣を供給してくれるといえるからである。

偽造作戦を遂行した登戸研究所は、日本の敗戦とともにその活動のいっさいが闇の中に葬られてきた。というのも、紙幣の偽造を個人ベースで行うと当然のことながら刑事犯として処罰されることになるが、前述のように、国家的な戦争遂行目的のための戦略として実施された場合には、戦時国際法でも、戦犯として訴追されたり処罰される事例はあまりない。むしろ各国とも、将来戦時における国家間の謀略作戦の参考にするためか、相手国の諜報機関が関係者を丁寧な態度で尋問するくらいである。

なお、旧日本陸軍の登戸研究所があった川崎市生田地区は、現在は明治大学の農学部などのキャンパスとなっており、当時登戸研究所で行われていた中国の法幣偽造作戦やアメリカに向けて攻撃を試みた風船爆弾作戦などの当時の実態を、図版やパネル資料などで解説・展示した「明治大学平和教育登戸研究所資料館」がある。資料館には、その当時の軍による贋札製造作戦に関する資料や現物などが所蔵されており、その一部が一般展示公開されているため、当時の日本軍による紙幣偽造事件の実態を垣間見ることができる。

空から降ってきた贋札の伝単

日本の上空から偽一〇円券の伝単散布

第二次世界大戦末期の一九四五（昭和二〇）年になると、日本の制空権は完全に米軍によって掌握されてしまう。連日B－29爆撃機による本土空襲が続き、東京や大阪などの大都市はもちろん、地方の中小都市も焼夷弾《しょういだん》による爆撃を受けて、全国が焦土と化していった。

そのような時期に、爆弾や焼夷弾ではなく、大量の紙の爆弾として投下されたのが、プロパガンダ用の紙幣図柄の「伝単《でんたん》」（宣伝ビラ）であった。伝単は大量にばらまかれたため、拾ったら必ず当局に提出するよう憲兵隊が厳しく言い渡していたにもかかわらず、実際にはかなりの数が都市周辺の被災者たちの手に渡ったという。

この伝単の表面は、戦争当時最も広く使われていた和気清麻呂の肖像入りの一九三〇（昭和五）年発行「丙一〇円券」の図柄であった。本物の一〇円券は、凹版印刷による肖像と凸版多色刷りによる地模様で印刷された本格的な紙幣だったが、散布投下された伝単はオフセットもので、表面こそ一〇円券そっくりだが、その裏面には宣伝の文言が印刷されていた。もっとも戦争末期には、すでにこの重厚な印刷の兌換銀行券はほとんど市場から姿を消し、もっと粗末な紙質と印刷方式を用いたほぼ同じ図柄の「い一〇円券」が流通していたのである。

伝単は、戦争中に相手国の国民の戦意を喪失させ、あるいは経済を混乱させるため

丙10円券の真券（上）と米軍による伝単（下）

に謀略戦術としてよく使われるが、人々の注目を集めるために伝単に紙幣の図柄を使うのはほぼ世界共通の戦略であり、米軍もその伝統を活用したものであろう。紙幣の図柄を使用するのは、常に見慣れた紙幣であるのですぐに気づき、これを拾ってくれることを計算したものである。

米軍が散布した偽造の一〇円券の伝単は、本物の一〇円券に比べると用紙はやや薄手で茶色がかっているものの、手触りのよい上質紙を使い、大型カメラを利用して本物の紙幣を撮影し、これを色分解して三色のオフセット版画で重ね刷りしたものである。通常の印刷方式では、階調を表現するために網点オフセットを使用するが、この伝単は線画方式を用いて茶、緑、黒の三色で印刷している。

伝単は全部で四種類あり、その裏面のプロパガンダの文面がおのおの異なっているが、表面の記号はすべて「１１２４」、番号もすべて「４５０９４１」であるので、贋札のもとになった本物の紙幣は同じであることがわかる。

成功した贋札図柄の伝単作戦

日本本土に散布した紙幣図柄の伝単作戦を担当したのは、戦争情報局（ＯＷＩ）所属の軍事心理作戦本部ハワイ支部のリチャードソン大佐である。大佐は、爆撃機を使って日本全土に何百万枚もの伝単を空中散布する作戦を指揮した。この伝単作戦の成果について、戦後になって日本各地で調査されたが、四種類の伝単はそれなりに効果があったようで、とくにコード番号ナンバー2034の「物価の比較宣伝文」が最も人々にアピールしたと報告されている。

実はこのプロパガンダ紙幣にはコード番号が券面にあり、そのうちナンバー2009は「五千円」と題するもので、「この金で年貢を納めよ。軍閥は諸君の納めた税金を浪費して居る。軍閥は此《こ》の戦争に諸君一人に対して五千円の大金を費して居る。戦争が一日でも長く続けば続く程、多く軍閥は諸君の金を濫費《らんぴ》するのである。」と、手書きの文字で印刷されている。

これに対してナンバー2034は題名がなく、昭和五年、一二年、そして現在の物価変動を淡々と記述している。大衆こそ最もその事実を納得したであろう。

全文を見ると、「軍閥が支那と戦争を未《いま》だ始めて居なかつた昭和五年には十円で次の物が買へた。一、上等米二斗五升、一、或《あ》ひは夏着物八着分の反物、一、或ひは、木炭四俵/支那事変勃発後の昭和十二年には十円で次の物が買へた。一、下等米二斗五升、一、或ひは夏着物五着分の反物、一或ひは木炭二俵半/世界の最大強国を相手に三年間絶望的戦争を続けた今日、十円で次の物が買へる。一、暗取引にて上等米一

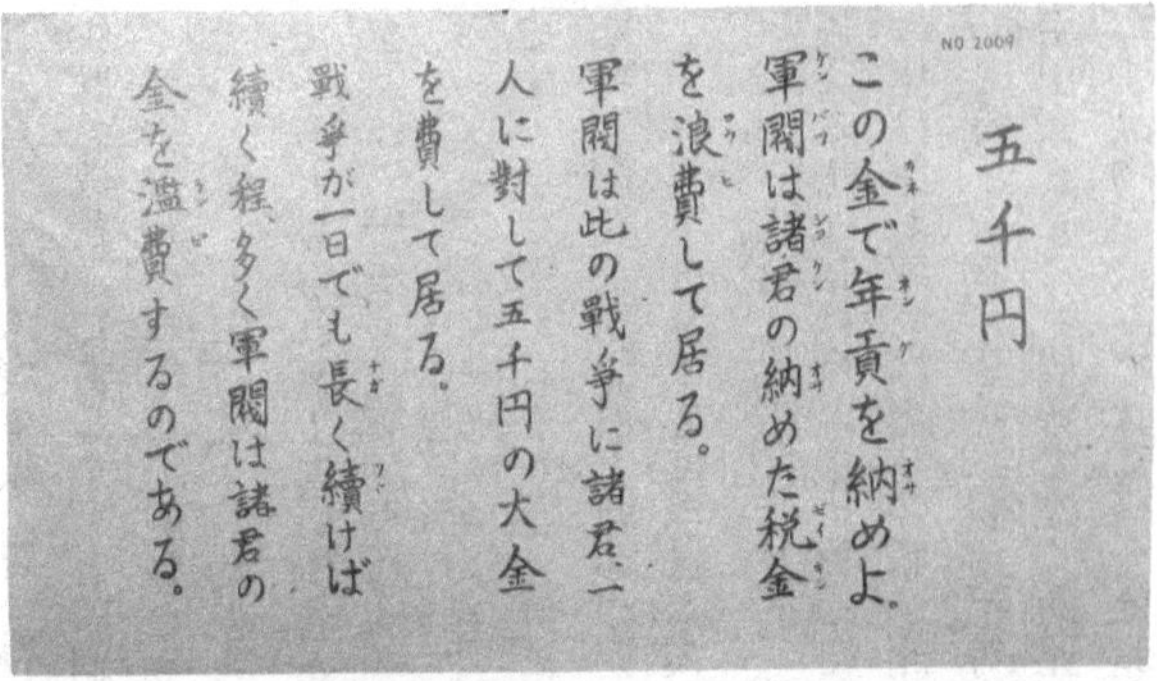
NO 2009

五千円

この金《カネ》で年貢《ネング》を納《オサ》めよ。
軍閥《グンバツ》は諸君《ショクン》の納《オサ》めた税金《ゼイキン》
を浪費《ロウヒ》して居る。
軍閥は此の戦争に諸君ニ一
人に對して五千円の大金
を費して居る。
戦争が一日でも長《ナガ》く續《ツヅ》けば
續く程、多く軍閥は諸君の
金を濫費《ランピ》するのである。

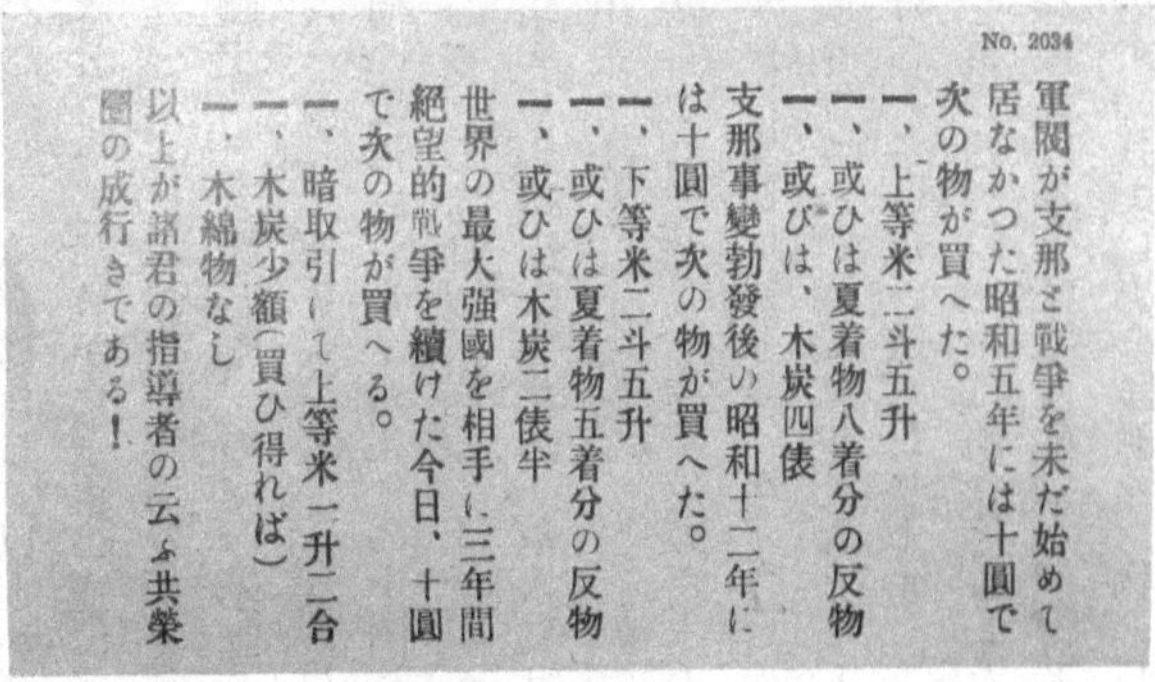
No. 2034

軍閥が支那ど戦争を未だ始めて
居なかつた昭和五年には十圓で
次の物が買へた。
一、上等米二斗五升
一、或ひは夏着物八着分の反物
一、或ぴは、木炭四俵
支那事變勃發後の昭和十二年に
は十圓で次の物が買へた。
一、下等米二斗五升
一、或ひは夏着物五着分の反物
一、或ひは木炭二俵半
世界の最大強國を相手に三年間
絶望的戦争を續けた今日、十圓
で次の物が買へる。
一、暗取引いて上等米一升二合
一、木炭少額(買ひ得れば)
一、木綿物なし
以上が諸君の指導者の云ふ共榮
圏の成行きである!

偽10円券の裏面に印刷されたプロパガンダ

升二合、一、木炭少額（買ひ得れば）、一、木綿物なし／以上が諸君の指導者の云ふ共栄圏の成行きである！」と印刷されている。確かに敵軍の宣伝ビラではあるが、スパイが報告したのかどうかわからないが、日本国内の実情をよく掌握している。

ナンバー2016の伝単は「職工！」と題したもので、米国から戦争政策に協力していると見られた工場労働者をターゲットにしており、「諸君は、今までに沢山お金を儲けて居ます。然しそれは、何の役に立ちますか。この十円札と購買力は余り変りません。武器の生産に全力を尽して居る者は軍人同様です。しかも諸君は生産の軍人です。然し米やビールを充分に求める事が出来ますか。軍人又はその家族が買へる様な特別配給品を諸君も買ふ事が出来ますか。」と記載されている。

ナンバー2017は「日本人諸君！」と題し、物不足の日本の世相を批判した宣伝である。「銀行や債券に入れた金は何の役に立ちますか。今日の必用品、又は将来使用する様な物は今の中《うち》に買つて置きなさい。残品は少くなりました。空爆の為、多くの店は閉ぢ或いは短時間しか開けられていない様になります。この困難なる時期を凌《しの》げる様、食物、着物、日常品等を買ひ給へ。お金は飢を癒やしたり、着物としては使用出来ません。債券で泣く幼児をなだめる事は出来ません。賢者であれば、今金を貯めず品物を買ふでせう。今はお金の時代ではありません。物の時代です。」

これらの伝単の文章は原文のままである。表現が必ずしも完全でない日本語の文面から判断すると、日系人が書いたのではないかと推定される。またこの四種類の伝単のほかに、もっと直接的な表現の伝単が準備されたという情報もある。たとえば「海軍はどこに行った？」というタイトルで、「我が海軍は日本海軍を打ち負かせた。一九四四年七月十八日、サイパン島が陥落し、もう必要な材料は供給することが不可能だ！」という趣旨の文言まであったという。

朝鮮戦争当時の紙幣図柄の安全通行票

このようなプロパガンダ紙幣作戦は、米軍の得意とするところであり、朝鮮戦争のときにも実施されている。目的どおりの成果があるのかどうか不明だが、ある程度の効果は認められるようである。

一九五〇年六月に勃発した朝鮮戦争では、国連軍の一員として参戦した米軍が心理作戦として、北朝鮮の空域で約二〇億枚にものぼる伝単を空中から散布する作戦を展開した。この作戦はきわめて大がかりなものであり、一個の大型爆弾の中に空中で多くの小さな爆弾に分解するクラスター爆弾型の容器が何個も詰められ、この小型容器一個に四万五〇〇〇枚ものビラを詰め込んであったという。

伝単の片面は、北朝鮮が一九四七年に発行した一〇〇ウォン紙幣の裏面の図柄をそのまま複製したもので、もう片面に、「安全取扱保証書」を印刷していた。

もともとの紙幣は、表面に農民と工場労働者の姿が、裏面に北朝鮮を代表する白頭山が描かれていた。伝単に活用した裏面の図柄は、ほぼそっくりに写真製版で複製され、オフセット単色印刷されたものであるが、本物に比べると紙幣の紙質がかなり劣悪なもので、贋札とすら見られない程度の品質であった。

国連軍最高司令官マーク・クラーク将軍の署名入りの「安全取扱保証書」には、ハングル、英語、中国語で同じ内容が印刷されている。

英語では国連軍兵士あての注意事項として、「この証明書は戦闘を中止することを望む中国・北朝鮮軍の兵士たちを安全に取り扱うことを保証するものであり、中国・北朝鮮軍の兵士たちが国連軍の陣営に投降した際には、栄誉をもって優待せよ」と記載している。中国語では中国軍兵士に対する注意事項として、「国連軍はこの証明書により貴殿の安全を正式に保証するものである。もし貴殿が戦闘を停止する決心をした場合には、この証明書を国連軍の兵士に提示してください」となっている。ハングルの文章もほぼ同じ意味が書かれている。

そのほかハングル、英語、中国語でそれぞれ「安全取扱証明書」「保証安全」等の

宣伝文のついたベトナム戦争当時の伝単

表示が周囲に印刷されている。この伝単はリッジウェイ将軍、クラーク将軍、ファン・フリート将軍名義のものがあるが、全体的に紙幣によく似たプロパガンダ紙幣であった。

切り離すと本物の紙幣となる伝単

一九六四年の北爆から激化し、七五年まで長期間にわたったベトナム戦争では、米軍は紙幣の図柄を印刷した各種のプロパガンダ伝単をベトナム上空において何度も空中散布した。その総量は五〇〇億枚にも達する膨大なものであったといわれている。しかし、これが心理作戦として効果をあげたかどうかは疑わしい。

たとえば一九五八年発行のベトナムの一、二、五ドン紙幣の伝単は、本物の紙幣の図柄が表裏に印刷されたものをそっくり使用し、紙幣より少し長めにした用紙の空白部分にプロパガンダの宣伝文を刷り込んだものであった（これを耳紙《みみがみ》という）。この偽の紙幣の伝単を拾ったベトナム人は、耳紙部分の宣伝文を切り離したうえで、本物として使用することも可能であった。

伝単に使われた一ドン券の表面には、国旗の翻る記念碑や国章が印刷され、裏面には水牛を使った田植えの光景が描かれている。図柄の部分はオフセット多色印刷で、記号と番号もきちんと印刷されている精巧な伝単であり、透かしのような模様も紙幣用紙に抄き込まれている。二ドン券の表面には、国旗を持つ労働者、兵士、農婦、事務員が描かれ、裏面には、湾内に停留する多くの舟が描かれている。

高額の五ドン券の表面には、ホーチミン大統領の肖像とトラクター、国章が描かれ、裏面には大型のパワーシャベルと大型トラックがある土木作業の情景が描かれている。

真券は凹版印刷であるが、贋札の伝単はオフセット印刷であるため、注意すれば偽造かどうかは判別できる。それゆえ、本当に耳紙の宣伝文を切り離したうえで本物の紙幣として使用されたのかどうか、定かではない。しかし、この伝単のできばえから考えるに、心理作戦としてはやや行きすぎており、もしかしたら本心は、ベトナム経済の混乱をねらった作戦であったのかもしれない。

湾岸戦争の際にはフセイン大統領の偽造紙幣散布

イラクによるクウェート侵攻に端を発した第一次湾岸戦争は、一九九〇年から九一

米軍が空中散布した25ディナール券の伝単

年にかけて戦われたが、この戦争でも米軍は、紙幣の図柄を使った伝単作戦を展開した。

当時サウジアラビアに本部を構えた米軍の第四心理作戦本部は、イラクの北部においてフセイン大統領の肖像入りの二五ディナール券を用いたプロパガンダ作戦を展開しようとしたが、あまりにも本物の紙幣と類似していたため、その図柄を若干ピンボケにするように改良したといわれている。当初は四種類の伝単が準備されており、その裏面には「あなたと家族が飢えている間にサダムは富を享受している」とか、「サダム・フセインの手に多くの金が集中しているため、お金の価値が下がっていることに気がついていますか？」などが準備された。

その後、第四心理作戦本部は、宣伝用の二五ディナール券の図柄を用いた伝単を、トルコ国内で大量かつ種類豊富に作成し、イラク上空から散布した。

大きな疑問符「?」だけが印刷されたもの、「安全保証券」という図柄もの、食料・平和・降伏の呼びかけリーフレット、イラク第五軍団向けの「不戦の呼びかけ」など。また、アラビア語による宣伝文言や、マンガのような図柄、降伏の際の証明書代わりになる旨の表示もある。

この作戦では、この安全保証の伝単を持ち武器を捨てて投降した兵士が多く出ており、砂漠での戦争という特殊事情もあってか、意外にもプロパガンダの効果があったといわれている。

本物の二五ディナール紙幣は、表面に軍装のフセイン大統領の肖像と騎馬軍団が描かれており、本格的な凹版多色印刷である。偽造紙幣の伝単は本物よりやや小ぶりであり、印刷もオフセット多色刷りのため、全体的にシャープさに欠け、本物として通用できるような代物ではない。

一見紙幣に似た伝単は、道端に落ちていれば人々がすぐに気づき、これを拾得することが期待できるため、誤って贋札として使われないような工夫がされた状態で、今後も戦争の際には使用され続けるだろう。ちなみに、このような贋札は、収集家の間で人気が高いもののひとつである。

無効紙幣の贋札

日本の歴史に見る軍票の歩み

第二次世界大戦中の日本軍は、一時期、破竹の勢いで中国から東南アジア地域での占領地を拡大した。それらの占領地で日本軍は、現地の軍需品や生活物資を調達するため、多種類の「軍票」を発行した。

一九三七（昭和一二）年に日中戦争が勃発した当初は、とりあえずの緊急措置として現地でも日銀券を使用した。しかし大量の日銀券を一時に使用したため、その価値が下がりインフレを招いて円安となってしまった。占領地のインフレが日本本土に波及するかもしれないと恐れた政府は日銀券の使用を止め、原則として占領地では軍票を発行、使用する方針を固めた。

戦時における戦線での物資の調達は、ナポレオンの活躍した時代までは強制的な徴発であった。やがて戦時国際法によりこれが禁止され、占領地での住民の財産の奪取、略奪はご法度となり、仮に不換紙幣であっても物資を調達する際には必ず対価を支払うことが義務づけられた。こうして戦地の通貨として使われるようになったのが軍票である。しかし軍票も、その裏付けとなる財貨や物資がなくなるか、敗色が濃くなると、とたんにその価値は下落し、紙切れになってしまう。戦争が長期化する場合には、戦争自体の勝敗は結局経済戦となり、資源を豊富に持ち兵站《へいたん》線を確保して必要な武器や軍需物資を戦線や占領地に供給できる側に勝利が輝くことになる。

明治維新後、日本が戦争のために軍票を発行したのは、一八九四（明治二七）年の日清戦争当時に始まる。その後一九〇四年の日露戦争、一四（大正三）年の第一次世界大戦での青島出兵、一八年のシベリア出兵、三七（昭和一二）年の日中戦争勃発のそれぞれの時期に例があり、さらに第二次世界大戦突入にともなう各占領地用の軍票がある。

日中戦争勃発の際に発行された軍票の発行根拠は、一九三七（昭和一二）年一〇月二二日の閣議決定「軍票発行要領」である。これに基づく大蔵大臣達《たつ》「支那事変派遣部隊経費支弁軍用手票《ぐんようしゅひょう》取扱手続」により、中国南部、仏印（フランス領インドシナ）、香港、海南島で発行された。その後仏印は現地通貨となり、中国南部は中央儲備券に移行したため、結局昭和一二年軍票は香港、海南島のみで流通することになった。

日清戦争時から日中戦争の当初までの軍票は、いずれも明治初期に発行されたゲルマン紙幣の原版を修正して使用した縦長タイプのものであった。しかし昭和一二年発

乙号 100 円軍票（上）、丙号 100 円軍票（中）、
現地で印刷した丙号 100 円軍票（下）

行の中国占領地向けの軍票は、製造が間に合わないという事情から、日本銀行券表面の「日本銀行券」や「日本銀行」の表示を赤線で抹消し、「大日本帝国政府」「軍用手票」と加刷した「乙号軍票」、赤文字で「大日本帝国政府」「軍用手票」と刷り込んだにわか仕立てのお粗末な「丙号軍票」、それにその後製造した新しいデザインの小額軍票の「丁号、戊号軍票」がある。なお丙号には、現地において色味を赤く変えて印刷されたものもあった。これらの軍票は、やがて上海に日本政府の後押しで設立された中央儲備銀行券に切り替えられることになる。

一方、南方の占領地における軍票については、一九四一(昭和一六)年一〇月三一日の「外貨軍票要領」に基づく大蔵大臣達「南方外貨表示軍票取扱手続」が発行の根拠になっていた。当初それぞれ現地通貨建ての軍票が発行され、オランダ領インドシナ(ジャワ、ボルネオ)はルピア建ての「は号軍票」、英領マレー、シンガポール、スマトラはドル・セント建ての「に号軍票」、米領フィリピンはペソ建ての「ほ号軍票」、英領ビルマはルピー建ての「へ号軍票」、英領オセアニア(ソロモン、ニューギニア)はシリング建ての「と号軍票」が、それぞれの地方の風景や建物を描いた図柄で発行された。これらの南方地域の軍票は、やがて一九四二年四月に南方地域の財政を管理する「南方開発金庫」の所管に変わり、名称も四三年四月以降、一種の現地紙幣である「南方開発金庫券」に変わる。

香港、海南島地区については、依然として軍票が継続して使われた。やがて米軍による潜水艦攻撃などで日本からの輸送は途絶するが、現地で印刷・発行がなされ、香港の住民たちは日本軍票の使用を強制され続けた。この日本軍票の裏面には、「此票一到即換正面所開日本通貨、如有偽造変造仿造或知情行使者均応重罰不貸」（この軍票は表面記載の日本通貨と即時交換する。偽造、変造、模造した者、あるいは事情を知ってこれらを行使した者は重罰に処す）の兌換・偽造禁止文言が印刷してあった。

日本の敗戦により無効となった軍票

一九四五（昭和二〇）年八月一五日、わが国はポツダム宣言を受諾して無条件降伏した。GHQは四五年九月六日に覚書を発して「日本政府または日本陸海軍によって発行されたすべての軍票及び占領地通貨は一切無効、無価値とし、一切の取引におけるこの通貨の授受を禁止する」ことを決定した。これを受けて日本の大蔵省も声明を出し、同じ趣旨の内容を公示する。

その後、一九五一（昭和二六）年九月に締結されたサンフランシスコ平和条約の規定により、外地に所在する軍票で連合国の国民が所持人である場合には、日本は責任を免除されることとなった。また所持人が個別の平和条約締結国国民の場合、個別の平和条約条項の請求権放棄により日本の責任が免除された。所持人がこれ以外の中立国、中国の一部である台湾のように請求権を放棄していない場合は、将来の外交交渉にゆだねることになる。

その結果、占領中に強制的に現地通貨を軍票に交換させられ、そのまま将来の交換を期待して大切に保管していた香港の人々は、香港植民地の宗主国である英国が香港人の関知しない間に軍票を無効と宣言し、請求権を放棄したため、法律的には軍票の請求権が認められないことになってしまったのである。

しかし、戦後日本に対して軍票の補償を求める裁判が提起され、また、日本の国会でも質問がなされる事態となった。このため、ひょっとすると軍票の補償があるかもしれないとのデマが流布し、一時期香港の古銭商や古銭市場で日本軍票の値上がりが見られ、補償を当てこんだのかどうか不明だが、急遽軍票の偽造が増加したことがある。

とくに偽造軍票の多いのは香港の現地で印刷された丙号の赤色印刷軍票で、本物の軍票から図柄を写真撮影して製版、印刷している。ルーペで拡大すると、聖徳太子の肖像部分がとくに不鮮明であるほか、楕円形の肖像の枠内に地模様の緑色が強く印刷されている。また偽造軍票の中には、最近の用紙を使って印刷しているものもあり、この場合、紫外線ランプで照射すると用紙中の蛍光増白剤が白く発光し、偽物であることが容易にわかる。このほか、粗末な印刷であった丙号軍票の偽造も多い。もちろん、軍票の補償を期待しての偽造ばかりではなく、最近の軍票収集熱に対応した動きかもしれない。

収集家目当ての無効となった紙幣の偽造

最近、郵便切手や紙幣の収集熱は、経済不況の影響もあり、かなりの低下傾向にあるが、他の収集品に比べれば依然として好調で、稀少紙幣や切手を求める熱心な収集家が多く存在するのはまことに結構なことである。コレクターには二面性がある。ほかの人が持っていない品物を自分だけが持ちたいという心理と、逆に他の人が持っている品物は自分も持ちたいという心理である。この微妙な収集心理につけ込んで、珍しい紙幣、コインや切手の偽物を製造し、販売するということを昔からよく見聞きする。

日本の場合、切手やコイン自体の偽物はときおり見聞きすることがあるが、紙幣については、現行券はもとより、昔の紙幣ですでに無効となったものであっても、めったに見当たらない。これは、偽造紙幣についての需要がないこと、また偽造自体が技術的に難しいことがその要因としてあげられる。

日本に限らず世界各国でも、切手に比べて紙幣の偽造取締りは厳しいためか、現行紙幣の偽造はもちろん、古い紙幣、銀行券の偽造もあまり多くない。各国には切手と同様に鑑定するための組織があり、日本では目利きの業者団体「日本貨幣商協同組合」に鑑定委員会が置かれて、紙幣の真偽だけではなく、紙幣の評価も行っている。日本の場合には、古銭の偽造や模造はしばしば見られるが、紙幣ではほとんどその例を聞かない。

しかし中国では、すでに無効となった古紙幣の偽造や模造がときおり見られる。たとえば、一九〇六（光緒《こうちょ》三二）年の未発行の「大清銀行兌換券」の模造券が、古銭商や土産物店で観光客等をターゲットにして販売されている。本物の一九一〇年発行の大清銀行券は、凹版一色の龍の飛翔する姿と載豊《さいほう》皇太子の肖像を描いたものである。この銀行券は米国の凹版彫刻師ロレンゾ・ハッチが中国北京の財務部印刷局のお雇い外国人として彫刻した名品であり、凹版彫刻のできばえが素晴らしいうえ、きわめて数量が少ない、高価な古紙幣である。一般人はとても入手できないため、模造紙幣が多く出回っているのである。

ただ、本物は緑色や黒の凹版印刷で記番号入りだが、模造品は同じ図柄をすべて茶色でオフセット印刷され、記番号はなく、裏面には本物と混同しないよう良心的に「鑑賞券」の表示がなされている。

また紙幣の歴史の古い中国では昔から偽造紙幣が横行していたが、清朝以降、各地方政府や各地の銀行、さらに人民政府からさまざまな紙幣が多種類発行されてきたため、その贋札もまた多種類にのぼっている。

とくに革命政権下で発行された地方紙幣は、粗末な用紙と印刷方式であったため、

スローガン入りの川陝省蘇維埃政府工農銀行券の真券

切断された紙幣を貼り合わせた美商北京花旗銀行券

偽造券も多く見られる。たとえば代表的な地方のソビエト人民政権下で発行された布製の紙幣「川陝《せんきょう》省蘇《そ》維埃《びえと》政府工農銀行券」の布鈔《ふしょう》三串《さんかん》券が有名である（「ソビエト」はロシア語で「評議会」「市民」を意味し、ロシアや中国の共産党支配地区は「ソビエト地区」と呼ばれた）。表面には鎌、ハンマーの共産党のシンボルマークとこぶしと星が描かれ、「全世界無産階級聯合起来」（万国の労働者団結せよ）のスローガン、裏面には「増加工農生産、発展社会経済」の飾り文字が全面に印刷されており、世界の収集家に人気のある布製のお札である。この紙幣に対する需要が強いため、素材こそ布製ではあるがきわめてできの悪い贋札が、ときおりマーケットで販売されている。

また、お札の上半分を上下反対に貼り合わせた一九一〇年北京で発行された米国製の「美商《びしょう》北京花旗銀行券」は、収集家の間では人気の紙幣である。この紙幣自体は、なぜこのようになったかは不明であるが、すべての紙幣が横に切断され、その下半分が破棄されて、上半分だけが大量に銀行の金庫内に残っていた。

その上半分の紙幣があまりにも素晴らしい凹版印刷や地模様であったため、もったいないと思ったのか、上部を二枚逆に貼り合わせた状態で、古紙幣として大量に流通しており、収集家にとって貴重な一品となっている。この紙幣は本来無効の紙幣といえるが、なぜかそれとわかっていても人々に愛され、収集されている。

そのほか、前述した日本軍による中国法幣（中央銀行券、交通銀行券、農民銀行券）の偽造券も、偽造券とわかっていながら収集界での人気紙幣であり、一方、日本の傀《かい》儡《らい》銀行といわれた中央儲備銀行券の中国側による偽造券も収集されている。

また、初期の人民銀行券、各地の銀行券の偽造も多く、中国では切手の偽造と並んで、処罰の対象とならない古い無効の紙幣の偽造が後を絶たない。収集面では注意が必要であろう。

贋札といえば現在流通している紙幣を偽造するものとばかり考えがちであるが、すでに通用停止となった紙幣、法令により無効とされた紙幣、さらに過去に通用していた歴史的に価値のある紙幣なども、偽造の対象となるのである。

もちろんそれらは、通貨を偽造して行使するという目的ではない。収集家や研究者をだます詐欺目的であり、偽造や模造の紙幣と承知しながらもなんとか入手したいという収集家の心理につけ込んだものであるといえよう。

◆コラム◆偽造防止技術の話③　専門家でなくてもできる贋札の判別方法

機器を使わない簡便な贋札の判別方法

われわれは日常生活で頻繁に紙幣の受け渡しを行っているが、日本のように偽造紙幣がめったにない治安のよい国では、受け取った紙幣が本物か偽物かをいちいち確認するという習慣はほとんどない。

しかし外国で買い物した際に、商店の店員に紙幣を入念にチェックされたり、レジの近くに備えつけられた紫外線照射器で真偽を確認されたという経験は多いのではないだろうか。とくに高額紙幣や汚損が激しい紙幣の場合、その受け取りは慎重で、何度も紙幣を確認したり、細かい券種がないかどうかを聞かれたり、さらに極端な場合には高額券の受け取りを拒否されることがある。これは日常の取引において偽造紙幣が多いためであり、もし店員が贋札を受け取ってしまった場合には、ほとんど例外なしにみずからが損害を弁償するという慣行のためである。

日本では心配するような事態はまだ生じていないが、もし怪しい紙幣を受け取った際には、自己責任の原則を肝に銘じて敢然とチェックする心構えが必要になるだろう。

すなわち、怪しいと思われる紙幣を受け取った場合には、お客の目の前であっても遠慮せずに、素早く真偽の判別を行う癖をつけておくことである。もし偽造犯がこの様子を見れば、まずいと感じて退散するだろう。

ここで、専門家でなくてもできる偽造紙幣判別のポイントをあげていこう。ただ、最も基本的なことは、常に本物の紙幣を手もとに置き、それと対比することである。われわれは紙幣の特徴を漠然と把握しているが、細部についてはあまり知らないのが通例であるから、間違い探しクイズの要領で比較点検をすることである。

①紙幣用紙の独特の手触り

紙幣用紙は、一般の市販の上質紙とは異なる独特の材料を使っている。日本の場合、古来、和紙の材料として使用されてきた「みつまた」の樹皮から作る靭皮《じんぴ》繊維と、みつまたと同じような性質を持つ「アバカ（マニラ麻）」の繊維を主原料としている。

このため紙幣用紙は、丈夫であるがソフトな独特の手触り、すなわち「風合い」を持っている。これはわれわれが自分自身で体感するしかない。毎日紙幣を扱っている銀行員や競馬場の窓口係員などは、目をつむった状態でも本物の紙幣用紙を識別できるという。「風合い」があるからこそである。また、日本円やユーロなどの紙幣用紙は、用紙の厚さが九〇〜一〇〇ミクロンであるため、もしそれより厚手であれば、貼り合わせ偽造も考えられる。

外国の紙幣用紙の材料は、主に木綿、あるいは木綿と麻を使用している。そのため、日本の紙幣用紙と比べるとごわごわした硬い感じであり、新しい紙幣の場合は、用紙を指で弾くとぱちんという硬い音を発する。木綿が主原料のため、使い古した紙幣では毛羽立ちのため用紙の厚さが若干嵩高《かさだか》となる。米国のドル紙幣用紙は厚さが一三〇ミクロンと厚手であるのが特徴である。

偽造犯は通常、紙幣用紙の偽造までは及ばないため、市販の上質紙を使用する事例が多いが、本物の紙幣用紙とは手触りがかなり違うのですぐ気づくと思われる。そこで偽造犯もピン札を使うことは少ないようで、たいていは使い古したように用紙をもんだり折ったりすることが多い。

②紙幣用紙の透かしの有無は確認の必須項目

最近発行される世界各国の紙製の新銀行券のうち、ポリマー紙幣を採用しているオーストラリア、カナダ、英国イングランド銀行券など全券種またはほとんどの券種をポリマー化した国々に関しては、元来ポリマーの素材には物理的に透かしを入れることが不可能であるため除外すると、一五六か国・地域のうち一四二か国が紙製の素材を使用しているため、何らかの形で銀行券用紙に「透かし」を採用していることとなる。そのうち一二八か国・地域では人物肖像の透かしを採用している。しかし五六か国・地域に関しては、人物の肖像ではなく、鳥や動物の姿、紋章や国花を採用している。これらの国・地域では、個別の人物の肖像の透かしよりも、製造コスト面から全券種共通の透かしの図柄とし、しかも透かしとしてよく目立つように、その国や地域における固有の動物や鳥の図柄を、採用している事例が多く見られる。

また、肖像を採用している国々の透かしを見ても、同一人物の透かしを採用し、あるいはアメリカのように異なる人物の透かしであっても、白黒透かしの階調が優れず、肖像部分の輪郭線だけが目立ち、全体としてシャープさに欠ける透かしが目立つ。

エウロペの透かし（ユーロ紙幣、左）とピクセル透かし（ドミニカ共和国500ペソ券、右）

一方では、白黒透かしの肖像に加えて、その周辺に斑点や模様が入った「ピクセル透かし」を採用し、あるいは肖像の傍に額面金額の数字を白透かしで抄き入れるという技法を採用して、偽札防止に役立たせている事例も最近では増加傾向にある。二〇二四年に発行予定の日本の新Fシリーズ券でも、このような考え方で、透かしのデザインが決定されるものと期待されている。

世界各国の透かしの技術は、ここ数年著しく向上しており、例えばユーロ紙幣の場合も、従来採用して来た建物や窓の図柄の白黒透かしでは物足りないという声も強く、二〇一三年以降順次改刷して来た新シリーズでは、欧州共通の女性像として古代ギリシャ神話に登場する王女「エウロペ」の肖像が白黒透かしで採用され、しかもその脇には各時代を建物の特徴を表す白黒透かしの模様、さらに額面金額を白透かしで表示するという、手の込んだ紙幣も登場している。

また従来のユーロ紙幣では、機械検知や用紙製造段階での品質管理の目的で、券種毎に異なるバーコード状の白透かしを抄き入れていたが、新シリーズ券ではこれを廃止しており、現状ではこのようなバーコード透かしを採用する国は、日本だけとなっている。そのほか紙幣用紙面では、肉眼では見えないが、紫外線を照射すると、カラフルに発光する細い糸状の繊維を混ぜる例が多い。

③紙幣用紙層の中に挿入された安全線

日本の紙幣用紙にはスレッド安全線は採用されていないが、その理由は精巧な透かしがあるためと思われ、またポリマー紙幣を採用している国々では、ポリマー素材の薄い層にスレッドを挿入することが物理的に不可能であるため使われていないが、世界中の多くの国の銀行券に採用されているのが「セキュリティ・スレッド（安全線）」である。

このスレッドには様々な形状があるが、多くは幅二～五ミリ程度のプラスチック製または金属製の細くて厚みが薄いベルト状の帯を、用紙の抄造段階で用紙の

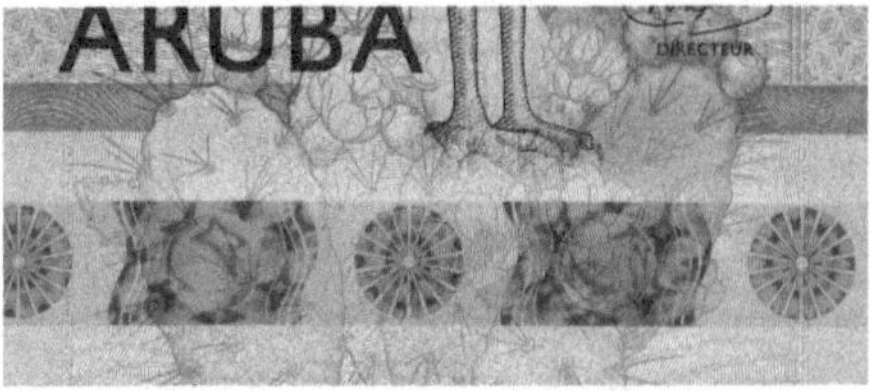

アルバ島の銀行券に採用された最新式のモーション・サーフェス

紙層中に抄き込む技法である。スレッドの挿入方法は、外からは見えないように紙層の中に埋没させる方式と、スレッドの一部を紙層から窓開き状態で露出させる方式があり、後者の場合は「窓開きスレッド」と呼ばれ、最近では前者と後者を組み合わせたものや、後者のスレッドの幅を五ミリ以上に広げ、窓開き部分の図柄や文字がはっきりと動くのを観察できるスレッドが増加傾向にある。

　特に最近の窓開きスレッドでは、紫外線発光するものや、スレッドをホログラム等の素材で作り、その表面の人物像や模様等が激しく上下左右に激しく動く方式も増加している。

　特に二〇〇九年にアメリカの新一〇〇ドル券に採用されることが発表され、二〇一三年から登場した窓開き安全線「3Dセキュリティ・リボン」は「モーション・スレッド」の一種である。このベルト自体が細かいレンズで構成されており、ベルトの下に印刷された図柄を観察でき、紙幣を動かすか、紙幣を眺める角度を変えると、スレッドの模様が激しく動き、ティルティング（傾ける）した際に、はっきりと模様に変化が見られ、その結果人々が容易に真偽を判別できるという、特色のある技法である。この技術はアメリカの一〇〇ドル紙幣に採用された後、それを開発したクレーン・カレンシー社によってさらに改良が加えられ、一層動きが顕著な「モーション・ラピッド」「モーション・サーフェス」等の新製品が開発され、世界各国の銀行券での採用が急拡大している。

④紙幣に貼付された金属光沢に輝くホログラム箔

手に持った紙幣自体の角度を変え、あるいは紙幣を眺める視線の角度を変えると、ティルティング（傾斜）効果により、ホログラム箔の色や図柄が変化するもので、日本の現行のE券シリーズでも五千円券と一万円券に採用されている。日本の現在のホログラム箔は、角度を変えると、日本銀行のマーク、桜花の模様、額面金額の数字が交互に現れるもので、人々が容易にその変化を観察して真偽を判別できる技法である。また金属光沢のあるホログラム箔の部分をカラー複写機

2024年に発行予定の F 券シリーズ新１万円券

などで再現しようとしても、一方向の図柄だけであり、またオフセット印刷による偽造を試みても、この金属光沢を再現することは困難であり、紙幣に貼付されたホログラム箔の図柄や色変化は再現できない。

しかしながら、元来ホログラム箔は玩具などとして広く一般に販売されているため、偽造犯が異なる市販のホログラム箔を贋札に貼付する恐れもある。従って、表面に光るものがあるというだけで紙幣を受け取らずに、箔の図柄や色が変化するかどうかを、よく確認する必要があり、ちょっと注意すれば容易に真偽の判別が可能である。さらにこの箔の内部には、ごく小さな文字などが打ち抜かれたような高級なデメタライズド・ホログラムが用いられ、仔細に観察すると「NIPPONGINKO」等の文字がびっしりと入っており、真偽を容易に判定できる。

なお、二〇二四年に発行予定のF券シリーズでは、高額の五千円と一万円券には、縦方向に帯状のホログラム・ベルトが、千円券には現行と同じホログラム・パッチが貼付されることになっている。このホログラム箔には肖像の人物の顔がデザインされており、紙幣を傾けるとその肖像部分が、左右に反転するという最先端の技術が採用されることが期待されている。また、平らなホログラム箔ではあるが、視覚的には図柄が立体的に盛り上がったように見える「3D」ホログラム箔も登場することが、財務省のウェブサイトでも公表されており、より一層贋札の脅威からの防御を可能にする技術となっているようだ。

最近では世界各国の高額の銀行券にホログラム箔が相次いで採用されており、世界各国・地域の銀行券のうちホログラム箔を使用している国は五九か国に上っているが、そのホログラム箔の種類も初歩的なものが多く、しかも製造コストが高価であるため低額券には用いず、偽造の危険性が高い高額券にだけ使用する事例が多く見られる。

⑤三次元的に盛り上がった凹版印刷

紙幣の肖像、額面金額や銀行名などの主模様は、凹版印刷という特殊な印刷方式で印刷されているのが通例である。日本円や米ドルは表裏とも凹版印刷であるが、ユーロ、英ポンド、カナダ・ドルなど、裏面に凹版を使用しない国も多い。

凹版インキで印刷された個所は、その断面を見ると立体的に盛り上がっている。最も顕著な部分は、用紙の表面から約二〇ないし四〇ミクロンも盛り上がっている。最近では日本のD二千円券以降発行の銀行券のように、とくにインキが盛り上がる「深凹版印刷《ふかおうはん》」も開始され、この場合には指で触るとその凹凸をはっきりと感じることができる。新シリーズ券でも肖像などの主模様や、目の不自由な人の利便のために印刷されている「識別マーク」は、凹版インキを極端に盛り上げてあるので、チェックする必要がある。

しかし、紙幣が長期間流通して汚損した場合には、インキの盛り上がりが磨り減ってしまう場合もあることは留意しておきたい。

⑥眺める角度で模様が現れる潜像凹版模様

二〇〇〇年に発行された日本のD二千円券には、初めて表面左下隅に凹版印刷を用いた特殊な彩紋模様が採用されたが、この部分を横方向から眺めると「20

D2000円券の潜像模様

00」という数字が現れる。この技法は現行のE券三券種にも採用されており、それぞれの額面金額の数字が見えるが、この技法は「潜像凹版模様 Latent Image」といい、香港、インドなど世界各国の銀行券にも採用されている。その仕組みはルーペで拡大すると容易に分かるが、並行する細い凹版画線の彫刻方向を一部変えることで、文字や図柄が一定の方向だけから見えるようになっている。

また日本の銀行券だけに採用している技法が「特殊潜像模様」であり、現行のE券各券種の裏面右側に採用され、紙幣を傾けると「NIPPON」の文字が現れる。これは用紙面での工夫と、地模様印刷の画線、エンボス加工の技術を組み合わせた画期的な技法で、この技術は日本の特許であるため、世界ではどの国も採用していないユニークな新技術である。

⑦印刷されたインキの色が変わる特徴を確認

多くの国の紙幣には、印刷されたインキの中で、紙幣を傾けると印刷された色が変化する特殊なインキが使われている例が多い。たとえば日本では、D二千円券の表面・右上隅の「2000」の数字がそれである。このインキは「光学的変化インキ（OVI）」と呼ばれ、正面からは緑色に見えるインキの色が、斜め方向から見ると赤紫色に変化する。OVIは米国のドル券をはじめ、ユーロ、中国・元など多くの国の高額紙幣に使用されている。

日本の場合は、D二千円券には採用されたが、その後発行のE券シリーズには採用されていない。この技術は、紙幣を傾けたり、眺める角度を変えると、印刷されたインキの色が変化したり、図柄の上に見える輝く横棒や、リング状のマークが大きく左右又は上下に動く特性を持ち、「OVIオービタル」や「OVIライブ」と呼ばれるものである。さらに最近ではOVIインキで印刷された部分の上に、特殊な模様や文字があり、紙幣を動かすと顕著な動きを見せ、ティルト効果が顕著な「OVIスパーク」などの新技法も登場しており、世界的にみるとO

Ⅵインキを使用している銀行券が大勢を占めている。

⑧外国の紙幣には表裏刷り合わせ模様

日本や米国の紙幣には採用されていないが、ユーロ、中国・元などかなり多くの国の紙幣には、紙幣を明るい方向にかざすと、表裏別々に印刷されている図柄や文字がぴたりと合成される「表裏刷り合わせ模様」が使われている。パソコン偽造では表裏の刷り合わせがずれていることが多いので、この模様も比較的容易に判別することができる。

⑨犯人もてこずる記番号

偽造犯はたいてい本物の紙幣を複写して贋札を作るので、同じ記番号の偽造紙幣が多い。しかし専門的な偽造団は、もとになった紙幣の記番号部分を差し替え、ほかの記番号を印刷することもある。そのとき、記番号の書体が異なったり、記番号の列が曲がったりすることもよくある。さらに記番号付近の下地模様が汚れていることが多いので、十分に注意する必要がある。偽造犯にとって、記番号は意外にてこずる個所なのである。

終章　贋札作りは割に合わない

ほとんど儲からないし、犯人逮捕率も高い

古今東西、絵画、工芸品、宝石など貴重品には必ず偽物が存在する。まして貴重品の代表ともいえる紙幣や高額貨幣には、当然ながら昔から偽造紙幣や貨幣がつきものである。もちろん偽造紙幣にもピンからキリまであり、パソコンや複写機で偽造した簡易なものから、本格的なオフセット印刷、さらには本物そっくりの凹版印刷やオフセット印刷を施したものなどがある。

しかし、マスコミ報道では「精巧な贋札」という見出しが定番であるものの、しょせん贋札は偽物、どこかに欠陥を持ち、パーフェクトな贋札はまれである。現実には粗末なものが多く、少し注意すれば大半は識別が容易にできる。それを見抜くのは皆さんの自己責任であろう。

国家的な規模での偽造や、マフィアが介在する本格的な国際偽造団による精巧な偽造紙幣は別として、通常の偽造事件は少人数で行われていることが多い。この場合は、偽造用の製版設備や印刷機などを新規に購入するようなことはまれで、たいていは既存の旧式の機械を使ってコツコツと、名人芸で偽造している。中には、世間が偽造紙

幣で大騒ぎするのが楽しいという愉快犯によるものもあろう。あまり関係者が大勢では情報が漏れやすく、また大型機で偽造紙幣を刷れば刷り合わせ不良から大量の損版、損紙が生じ、足がつきやすくなる。

元来紙幣は偽物ができないように工夫されているから、完全な贋札を作ることは不可能であるといえる。仮にうまく贋札を製造したとしても、それを世間で使用するとなるとまた大変で、神経をすり減らし発覚を恐れながら贋札を使うのは非常にストレスがかかるであろう。ときには迷宮入りの偽造事件もあるが、大部分の事件は犯人が逮捕される。そしてその代償としての刑罰は昔から重罪であり、贋札製造でもとを取ることなど至難の業《わざ》で、まったく割に合わない仕事である。それでもときおり贋札が押収され、偽造犯が摘発されるが、おそらく彼らはこんなはずではなかったと後悔しているであろう。贋札の仕事をするよりは、仮につらい仕事であっても、まっとうな仕事で努力するほうが報われるのである。

国家に対する反逆として、贋札作りの刑罰は重い

偽造紙幣により実際に発生する経済的な被害は、われわれが予想するよりもきわめて少なく、国民経済的に見るとほとんど無視してよい程度である。

日本においては年間に押収される偽造券の枚数自体は、流通している銀行券の枚数約一七三億枚に対して極めて少なく、平成二七年度で一二〇八枚、二八年度は二七三〇枚、二九年度は特に少なく八三九枚、三〇年度が一六九八枚で、世界的に見ても極めて少ないのが特徴である。その理由としては、日本の銀行券が偽造しにくい印刷や製紙面での技術を多く備えていること、偽造券発生の温床となる汚損した銀行券ではなく、クリーン度が高いお札が流通していること、仮に贋札を受け取ったとしても、国民がお札の真偽を判別する識別能力を備えていることなどが挙げられる。警察庁による統計データでは、平成三〇年度の場合は一万円券の偽造が多いため、偽造券の金額は約一五〇〇万円であるが、日本銀行が発行している全銀行券の発行金額約一一二兆円に比べると、ごく僅かな金額であるに過ぎない。

しかし、問題は偽造紙幣による実損額ではない。もし偽造紙幣が大手を振って流通するようになれば、人々は紙幣を受け取るたびに入念にチェックしなければならず、経済活動の基本的な仕組みである紙幣の円滑な流通が阻害され、ひいては通貨に対する国民の信頼を損ねてしまう。したがって昔から為政者は、紙幣の偽造を国家に対する反逆行為として厳しく処断してきたのであり、この方針は現在でも変わらない。たとえ実害は少額でも、断固として偽造犯を逮捕し、偽造紙幣を駆逐する必要があるのだ。

贋札作りと偽造防止対策の関係

紙幣に使われている用紙や印刷などの技術は、一般に使われている印刷や複写技術によって偽造紙幣が作られないように、その紙幣が発行されたときの最新のものを採用するのが通例である。その結果、発行から何年かは精巧な偽造紙幣の発生を防ぐことができる。

しかし、世の中の技術は日進月歩であり、紙幣が発行された当時には予想されなかった新技術が登場し、採用時の新技術が陳腐化することになる。偽造犯はこのような技術革新を敏感に読み取り、新技術を応用して紙幣偽造を試みることになる。

たとえば最近の複写機、パソコン、スキャナー、プリンターなどの機器や、CD-ROM、DVDなどの正確で大量の情報を記録する媒体などの発達は、きわめて安価で、しかも精巧な複製を容易にし、われわれの生活に大いに役立っている。しかしその反面、これらの機器を悪用した偽造紙幣の出現も招いている。また、紙幣を使う自動販売機、銀行のATMやCD、券売機などさまざまな機器類は、販売者やわれわれ消費者の生活の利便性を向上させてくれていると同時に、これら機器の機能の弱点を悪用した偽造紙幣の出現にもつながっている。

このような、技術の進歩にともなう偽造・変造に対応して、自動販売機の改造などの対抗策がとられ、あるいは紙幣のパターンを識別して複写を停止させる機能の開発など、偽造に対抗した技術開発も日進月歩で進んでいる。しかし、ATMやCDなどの改造の必要性や、国民に対する紙幣の安定供給という観点から、技術革新に即応して頻繁に紙幣の図柄や偽造防止技法の改造を行うことには限界がある。

このような情勢から、世界各国では部分的な紙幣の図柄変更と同時に、最新の偽造防止技術を導入する事例が増加しており、米国のドル紙幣、英国のポンド紙幣などその例は多い。さらに、米国のように紙幣改造のインターバルを七年間に短縮する旨、公言している例もある。

考えようによれば、昔から紙幣の偽造防止技術が発達する要因は、常に新しい技法を採用した精巧な偽造紙幣が世の中に現れるからであるとも考えられる。その意味からも偽造犯たちは、ややもすると保守的になりがちな紙幣の発行当局、紙幣印刷所、紙幣関連の機械や材料、自販機のメーカー、紙幣関連の研究者などを刺激し、紙幣改造に対する意欲をかき立てているのかもしれない。これらの機関は、常に競争相手である偽造犯との戦いに必ず勝利するために日夜努力を続けている。

二〇二四年発行予定のF券シリーズ

二〇二四年上期を目指して発行される予定のF券シリーズ三券種に関しては、その肖像に従来通り文化人の肖像を採用する方針が発表され、一万円券には明治期の実業家・渋沢栄一、五千円券には女性の高等教育を実現した津田梅子、千円券には細菌学者の北里柴三郎の肖像が決定している。また、現在の優れた印刷製紙技術に加えて、さらに最新の技術を結集したホログラム箔、特殊透かし技術や公表されていない新しい偽造防止技術が採用されるほか、従来からの優れた技術も、当然ながら継続採用されるものと推測されている。

またそうした技術面ばかりではなく、銀行券を使用する人々の立場に配慮して、額面金額の数字を大きく見やすくし、凹版画線を用いた識別マークを採用して、視力に障害がある人々でも、券種間の識別をしやすくするなど、いわゆるグローバル・スタンダードの技法も多く採用されることになっている。

もちろん、銀行券を日常的に使用する国民の立場からは、偽造防止技術が一段と強化されることは好ましいが、一方では世界的にキャッシュレスが進行しており、北欧のスウェーデンや隣国の中国や韓国などでは、もはや銀行券や硬貨などは、ほとんど市場から姿を消した状態となっている。果たして新F券シリーズが発行される二〇二四年には、我々に身近な決済手段である銀行券がどうなるのかという声が多く聞かれる。日本の場合は、ドイツ、スイスなどと並んで現金嗜好性が強い国民性を持っており、今後も地震や津波、台風など災害多発国であることからも、いつでも使える銀行券などを大切にする現金第一主義の国民性は変わらないであろう。その理由としては、金融機関の預金金利が微小であるほか、ATMでの預金引き出しに金がかかること、カードなどではなく現金決済を選択することによって、お金の使い過ぎを予防すること、また災害時の利便性等から、日本人の特性である現金第一主義や、必要と思う現金を自宅に蓄えるタンス預金の習慣はあまり変化しないであろう。

しかし、ICカードを利用する電子マネーやスマートフォンを用いるモバイル決済アプリなどの利便性の高い決済手段は、今後も確実に普及するであろうが、やはり銀行券に対する国民の需要は根強いものがあると思われる。その背景には日本では精巧な偽造券が横行せず、安心して使用できる銀行券が存在するという信頼感があるからであろう。

2024年に発行予定のＦ券シリーズ新1000円券（上）と新5000円券（下）

贋札防止の決め手は本物の紙幣を知ること

偽造犯による贋札の行使には、自動販売機やATMなどの金融機器をだます方式と、一般市民をだます方式とがある。

前者について偽造紙幣の横行を防ぐための決め手は、紙幣を製造発行する関係機関における新しい偽造防止技術の開発と、その適時適切な紙幣への導入である。金融機器が国民生活や金融取引等において大きな役割を占めている先進国においては、通貨当局や紙幣を製造する印刷所、紙幣を扱う中央銀行や市中銀行などの金融機関、自動販売機やATMなどの監査機器メーカーなど、関係者の密接な協力が不可欠である。ユーロ紙幣の発行に際しても、相互の信頼関係に基づく密接な連携、関係機関に対する技術情報の開示と協力体制があって初めてユーロ紙幣への切り替えが円滑に行われたのであり、米国のドル紙幣の改造計画も同様である。

しかし、それにも増して重要なことは、後者、すなわち日常生活において直接紙幣を授受するわれわれ一般市民の対応である。取引の相手と直接紙幣を授受する一般市民の段階で偽造紙幣が使われた場合ならば、犯人を特定しやすいし、注意を喚起しやすい。

そのため、世界各国の通貨当局や中央銀行などの関係機関は、インターネット、マス・メディア、リーフレットなどを通じて、紙幣のデザインやその特徴、偽造防止対策に関する情報開示を積極的に行っており、新しい紙幣が発行されると必ずパブリシティが行われている。

とくに世界の基軸通貨である米ドルの場合は、自国の英語だけではなく、フランス語、スペイン語、日本語、中国語、ロシア語など、主要な言語を使ってのインターネット情報やリーフレットなど大量の情報を発信している。これによって一般市民が本物の紙幣の特徴を知り、もし怪しい紙幣を受け取った場合には、比較して真偽を判別しやすくなるし、同時に偽造犯も贋札を行使しにくい状況に追い込まれると見込んでいるのである。そのためには、一般市民が容易に識別できる、わかりやすく明確な偽造防止技法が紙幣に採用されていることが必須条件である。

さらに大切なことは、一般市民の紙幣行使に関する倫理観である。一般市民が万一贋札を受け取った場合は、すぐに警察などの捜査機関に連絡し、偽造犯を追い詰めることが大切である。

外国の一部では、贋札と知りながらトランプのババ抜きのように他人にこれを渡すという慣行があるといわれている。店員が贋札を受け取ってしまった場合、みずからが弁償する必要が生じるため、あるいは、偽装犯に攻撃されかねないという身の危険を感じるためともいう。

日本の場合には、個人が贋札を捜査機関に提供すれば報奨金によって損害を補填されるという良い制度が存在していた。「偽造通貨発見届け出者に対する協力金制度」は、一九七七年に制定されたが、偽造券の発生も少ないことや、一般の人々でも容易に偽造券を識別できることから二〇二〇年現在ではこの制度の運用が停止されている模様である。幸いなことに今のところ、偽造とわかって行使するようなケースはほとんど見られない。このような一般市民のモラルも、偽造紙幣の横行を防ぐ大切な要素であろう。

あとがき

二〇〇四年にこの『贋札の世界史』の初版本が発行されて既に一六年が経過し、その間において一時期多く発生した贋札事件も、最近ではほとんど報道されなくなっている。初版本が出版された当時は、CBCDGが開発しカラー複写機やパソコン用プリンター等に完備された銀行券の複製防止装置がまだ普及せず、多くのコピー機による贋札が横行した時代であったと言える。また当時は、銀行券を取り扱う両替機や券売機などでの機械検知機能が不十分であったため、機械類を騙す贋札が横行した時期でもあった。複写防止機能を持った銀行券や識別装置の付いた複写機などの本格的な普及により、最近では贋札が激減していることは幸いなことである。

しかしながら、一昔前までは、絶対的な安心感を持って、オーストラリアなどの国々で導入されたポリマー素材の銀行券に関しても、ポリマーに似たプラスチック素材の入手が可能となり、またプラスチック素材に高品質の印刷が可能なインキが開発されるなど、技術の進化により、従来のような単純なプラスチック紙幣は偽造のターゲットになってきたため、カナダやオーストラリアではポリマー紙幣券面の透明部分を広く設け、そこに最新のホログラム箔などを貼付するなど、ポリマー紙幣自体も偽造抵抗力を強化しているのが現状である。

また紙製の紙幣に関しても、ヨーロッパ等ではプロの偽造団が、高精度のオフセット印刷技術を用い、ホログラム箔なども貼付した本物に似た精巧な贋札を大量に製造するなど、依然として贋札の脅威は解消していない。日本の場合は幸いにして国際的な偽造団の標的にはなっていないが、技術の革新は急テンポであり、いつ何時その脅威に曝《さら》されるか分からない。

そのような情勢下で、十年以上先まで見越した新しい偽造防止技術を織り込んだ新F券シリーズが発行されることに関して、大きく期待するところである。

最近の世界における最新の銀行券技術は、ATMや自販機などでの機械検知の部門に関しては、現状ではほぼ完全な対応が採られており、ほとんど問題がないと言われている。一方、一般市民が支払決済する際に、容易に真偽を見分けることが可能な技法、即ちお札を傾けると色や形が大きく変化するティルト技術の開発と普及が進んでいる。将来を見据えた新規技術の開発が強く求められているほか、一般市民の間での贋札の流通を未然に防ぐための知識が不可欠であり、そのためにはこの『贋札の世界史』改訂版が役立つのではないかと考える次第である。

令和二年一月

植村　峻

【参考文献】

曽我部静雄『紙幣発達史』印刷庁　一九五一年
寺田近雄『日本の軍票』アド・ユニ　一九八七年
高木健一他『香港軍票と戦後補償』明石書店　一九九三年
ヤン・ライケン著／小林頼子訳著／池田みゆき訳『西洋職人図集』八坂書房　二〇〇一年
河上光一『宋代の経済生活』吉川弘文館　一九六六年
読売新聞西部本社社会部『ドキュメント5000円札偽造事件』読売新聞社　一九八三年
中田祐夫『にせ札』講談社　一九七八年
朱　卓鵬『銭幣漫話』上海教育出版社　一九八九年
高世　仁『スーパーKを追え』旬報社　一九九七年
田代更生『北朝鮮諜報部隊』ごま書房　一九九七年
江蘇省銭幣学会『中国近代紙幣史』中国金融出版社　二〇〇一年
西村　貞『日本銅版画志』書物展望社　一九四一年
趙　隆業『中国紙幣的収蔵与鑑別研究』北京出版社　一九九九年
高　聡明『宋代貨幣与貨幣流通研究』河北大學出版社　二〇〇〇年
鈴木健二『NHK歴史への招待8』「ゲルマン札贋造」NHK出版　一九八〇年

鈴木健二『ＮＨＫ歴史への招待23』「中国法幣贋造作戦」ＮＨＫ出版　一九八二年
山本憲蔵『陸軍贋幣作戦』現代史出版会　一九八四年
海野福寿他『陸軍登戸研究所』青木書店　二〇〇三年
植村　峻『お札の文化史』ＮＴＴ出版　一九九四年
植村　峻『日本紙幣の肖像やデザインの謎』貨幣商協同組合　二〇一九年
千　家駒『中国歴史貨幣』新華出版社　一九八二年
日本銀行金融研究所『貨幣博物館』日本銀行金融研究所　一九八七年
日本貨幣商協同組合『日本貨幣カタログ』貨幣商協同組合　二〇〇三年
松尾良彦他『日本のお金』大蔵省印刷局　一九九四年
大蔵省理財局国庫課『通貨関係法規集』大蔵省　一九九三年
日本銀行調査局『藩札概要』日本銀行　一九六四年
Ｔ・Ｆ・カーター／薮内清・石橋正子訳注『中国の印刷術』平凡社・東洋文庫　一九七七年
マルコ・ポーロ／愛宕松男訳注『東方見聞録１』平凡社・東洋文庫　一九七〇年
中国钱币編辑部編『中国古钞图辑』中国金融出版社　一九八七年
Arthur Hind, *A History of Engraving & Printing*, Dover Publication 1963
David Hunter, *Paper Making*, Dover Publication 1943
W. Kranister, *The Money makers international*, Black Bear Publishing 1989

Albert Pick, *Papiergeld*, Klinkhardt & Biermann 1967

Bryan Burke, *NAZI COUNTERFEITING of BRITISH CURRENCY during WORLD WAR II*, THE BOOK SHOP 1987

William Barrett, *The world first banknotes: the Palmstruch notes*, International Bank Note Society 1973

Yasha Beresiner, *The story of paper money*, David & Charles 1973

Colin Narbeth, *Collecting Paper Money*, Seaby 1986

Gene Hessler, *The Engraver's Line*, Amos Philatelics 1993

Gene Hessler, *The Comprehensive catalog of US PAPER MONEY*, BNR Press 1997

C. Frederick Schwan, *World War 2 Remembered*, BNR Press 1995

Erie Newman, *The Early Paper Money of America*, Krause 1990

Neil Shafer, *Standard Catalog of World Paper Money*, Krause 2001

Roger Outing, *19th Century Bank of England Forgeries*, International Bank Note Society 2002

Svenska Turistföreningen, *Känn ditt land nr 17. Svenska pengar*, 1984

Derrick Byatt, *Promises to pay*, Spink & Son Ltd. 1994

本書は二〇〇四年六月に日本放送出版協会より刊行された『贋札の世界史』を加筆修正したものです。

出典の記載がない図版は著者所有のものです。

贋《にせ》札《さつ》の世《せ》界《かい》史《し》

植村《うえむら》峻《たかし》

令和2年 3月25日 初版発行
令和6年 5月30日 再版発行

発行者●山下直久

発行●株式会社KADOKAWA
〒102-8177 東京都千代田区富士見2-13-3
電話 0570-002-301(ナビダイヤル)

角川文庫 22104

印刷所●株式会社KADOKAWA
製本所●株式会社KADOKAWA

表紙画●和田三造

ISBN 978-4-04-400530-6 C0133

角川文庫発刊に際して

角川源義

第二次世界大戦の敗北は、軍事力の敗北であった以上に、私たちの若い文化力の敗退であった。私たちの文化が戦争に対して如何に無力であり、単なるあだ花に過ぎなかったかを、私たちは身を以て体験し痛感した。西洋近代文化の摂取にとって、明治以後八十年の歳月は決して短かすぎたとは言えない。にもかかわらず、近代文化の伝統を確立し、自由な批判と柔軟な良識に富む文化層として自らを形成することに私たちは失敗して来た。そしてこれは、各層への文化の普及滲透を任務とする出版人の責任でもあった。

一九四五年以来、私たちは再び振出しに戻り、第一歩から踏み出すことを余儀なくされた。これは大きな不幸ではあるが、反面、これまでの混沌・未熟・歪曲の中にあった我が国の文化に秩序と確たる基礎を齎らすためには絶好の機会でもある。角川書店は、このような祖国の文化的危機にあたり、微力をも顧みず再建の礎石たるべき抱負と決意とをもって出発したが、ここに創立以来の念願を果すべく角川文庫を発刊する。これまで刊行されたあらゆる全集叢書文庫類の長所と短所とを検討し、古今東西の不朽の典籍を、良心的編集のもとに、廉価に、そして書架にふさわしい美本として、多くのひとびとに提供しようとする。しかし私たちは徒らに百科全書的な知識のジレッタントを作ることを目的とせず、あくまで祖国の文化に秩序と再建への道を示し、この文庫を角川書店の栄ある事業として、今後永久に継続発展せしめ、学芸と教養との殿堂として大成せんことを期したい。多くの読書子の愛情ある忠言と支持とによって、この希望と抱負とを完遂せしめられんことを願う。

一九四九年五月三日

角川ソフィア文庫ベストセラー

修養
新渡戸稲造

職業、勇気、読書法、逆境、世渡り――。当代一流の国際人であり教養人だった新渡戸が記した実践的人生論。いまなお日本人に多くの示唆をあたえる不朽の名著、待望の文庫決定版！　解説／斎藤兆史

聖徳太子と日本人
天皇制とともに生まれた〈聖徳太子〉像

大山誠一

聖徳太子は血統的にも資質的にも大王に擁立されるべきでありながら、なぜ即位しなかったのか。今なお謎に満ちた生涯と聖徳太子が生きた時代をさまざまな角度から丹念に検証し、古代王権の暗闇に光をあてる。

感染症の世界史
石弘之

コレラ、エボラ出血熱、インフルエンザ……征服しては新たな姿となって生まれ変わる微生物と、人類は長い「軍拡競争」の歴史を繰り返してきた。40億年の地球環境史の視点から、感染症の正体にせまる。

鉄条網の世界史
石弘之
石紀美子

鉄条網は19世紀のアメリカで、家畜を守るために発明された。一方で、いつしか人々を分断するために用いられていく。この負の発明はいかに人々の運命を変えたのか。全容を追った唯一無二の近現代史。

稲の日本史
佐藤洋一郎

縄文遺跡から見つかるイネの痕跡は、現代の水稲とは異なる稲作が営まれていたことを物語る。弥生時代に水稲が渡来した後も一気に普及したわけではない。縄文稲作の多様性を、今日的な視点でとらえなおす。

角川ソフィア文庫ベストセラー

角川ソフィア文庫ベストセラー

フェルメール
作品と生涯

小林頼子

17世紀オランダの画家フェルメール。現実のようで現実でない魔術的な光と空間の描写はいかに生まれたのか。全作品をカラー掲載し、様式論を一冊に凝縮。政治や絵画市場など背景に迫る補論を付した増補版。

印象派の歴史（上）

ジョン・リウォルド
三浦篤＝訳
坂上桂子＝訳

19世紀パリ。伝統と権威に反旗を翻し、光と色彩の新たな表現を信じた画家たちがいた。彼らはグループ展の実現に奔走するが、第二帝政末期、戦火が忍び寄る——。世界的研究者が描く通史の金字塔。

印象派の歴史（下）

ジョン・リウォルド
三浦篤＝訳
坂上桂子＝訳

ついに実現した第一回「印象派展」、それは事件だった。観衆の戸惑い、嘲笑、辛辣な批評の一方で、のちの近代美術史に刻まれる数々の名作が産声をあげていく。全八回の印象派展を丹念に辿る通史の決定版。

ファン・ゴッホ
日本の夢に懸けた画家

圀府寺司

印象派や浮世絵との出会いに導かれ、駆け抜けたファン・ゴッホ37年の生涯。心中には、孤高の理想を「日本」に託しつづけた、ユートピアへの儚い希望があった。作品や手紙からその人生を浮かび上がらせる。

哲学は資本主義を変えられるか
ヘーゲル哲学再考

竹田青嗣

現行の資本主義は、格差の拡大、資源と環境の限界を生んだ。これを克服する手がかりは、近代社会の根本理念を作ったヘーゲルの近代哲学にある。今、これをいかに国家間の原理へと拡大できるか、考察する。

角川ソフィア文庫ベストセラー

幸福の条件 アドラーとギリシア哲学
岸見一郎

過去がどうであれ、今の決断によって未来を変えることはできる。ギリシア哲学、アドラー心理学の智恵から読み解く、著者ならではの哲学的視点で、幸せとは何か、生きることとは何かを考察した現代の幸福論。

西田幾多郎 言語、貨幣、時計の成立の謎へ
永井均

西田が考えた道筋をわかりやすく提示。「私」と「汝」論の展開に加えて、あらたにマクタガートの『時間の非実在性』の概念を介在させ、「時計」の成立を扱った文庫版付論で新しい視点を開く。

努力論
幸田露伴

どうしたら人は幸福になれるのか。人は自然の力を生かせるのか？　明治から大正にかけて、西洋思想に匹敵する生き方論を示した幸田露伴。効率最優先の価値観が見直されるいまこそ読まれるべき、不朽の名著。

幸福論
アラン
石川湧＝訳

幸福とはただ待っていれば訪れるものではなく、自らの意志と行動によってのみ達成される——。哲学者アランが、幸福についてときに力強く、ときには瑞々しく、やさしい言葉で綴った九三のプロポ（哲学断章）。

幸福論
B・ラッセル
堀秀彦＝訳

数学者の論理的思考と哲学者の機知を兼ね備えたラッセル。第一部では不幸の原因分析と、思考のコントロールの必要性を説き、第二部では関心を外に向けバランス感覚を養うことで幸福になる術を提案する。

角川ソフィア文庫ベストセラー

幸福論
ヒルティ
秋山英夫＝訳

「人の精神は、ひとたびこの仕事に打ちこむというほんとうの勤勉を知れば、絶えず働いてやまないものである」。すべての働く人に響く言葉の数々。仕事に行き詰まったとき、人生の転機に立ったときに。

方法序説
デカルト
小場瀬卓三＝訳

哲学史上もっとも有名な命題「我思う、ゆえに我あり」を導いた近代哲学の父・デカルト。人間に役立つ知識を得たいと願ったデカルトが、懐疑主義に到達する経緯を綴る、読み応え充分の思想的自叙伝。

新版 精神分析入門 (上)(下)
フロイト
安田徳太郎・安田一郎＝訳

無意識、自由連想法、エディプス・コンプレックス。精神医学や臨床心理学のみならず、社会学・教育学・文学・芸術ほか20世紀以降のあらゆる分野に根源的な変革をもたらした、フロイト理論の核心を知る名著。

自殺について
ショーペンハウエル
石井　立＝訳

誰もが逃れられない、死（自殺）について深く考察し、そこから生きることの意欲、善人と悪人との差異、人生についての本質へと迫る！　意思に翻弄される現代人へ、死という永遠の謎を解く鍵をもたらす名著。

饗宴
恋について
プラトン
山本光雄＝訳

「愛」を主題とした対話編のうち、恋愛の本質と価値について論じた「饗宴」と、友愛の動機と本質について論じた「リュシス」の2編を収録。プラトニック・ラブの真意と古代ギリシャの恋愛観に触れる。

角川ソフィア文庫ベストセラー